Felix Dachsel
Abwarten und Bier trinken

Zu diesem Buch

»Ich hatte dreizehn misslungene Schuljahre hinter mir, ein misslungenes Abitur, 4300 Stunden Mittagsschlaf, ich hatte 350 mal den Bus verpasst, und wahrscheinlich war ich auch im Kindergarten nie richtig gut gewesen. Man hätte damals eine Attraktion aus mir machen können: Das Kind, das zu faul zum Spielen ist.«

Und auch im Studium widmet Felix jeden einzelnen Tag dem Gesetz der Trägheit – und wird so zum Chronisten der Generation-Bachelor. Er ist fasziniert von gegelten Gewinnertypen, die sich in Erwartung kommenden Wohlstands mit Parfum von Jean Paul Gaultier übergossen haben. Begeistert beobachtet er wasserflaschenschleppende Volvicmädchen, deren anstrengendes Leben sich in klausurrelevant und nichtklausurrelevant unterteilt – und wird dabei einzig von Frau Anger gestört, dem Lord Voldemort des Bachelor-Amts, die darüber wacht, dass auch ja kein Minderleister der Prüfungsordnung entkommt. Auch wenn Felix natürlich bei allem grandios scheitert, hat er in einem Erfolg: Seine Leser dabei hervorragend zu unterhalten!

Zweimal ist *Felix Dachsel*, 27, schon an der Uni gescheitert, jetzt versucht er es ein drittes Mal. Auf *Spiegel-Online* erzählt er als »Uni-Loser« von seinem Leben jenseits der Karriereleiter und inspiriert gestresste Manager dazu, doch mal dem Gesetz der Trägheit zu gehorchen. Das Schreiben hat Felix Dachsel an der Henri-Nannen-Schule gelernt, der einzigen Bildungsinstitution nach dem Kindergarten Frickenhausen, die er ohne Unterbrechungen absolviert hat.

Felix Dachsel

Aus dem Leben eines Leistungsverweigerers

Piper München Zürich

Mehr über unsere Autoren und Bücher:
www.piper.de

MIX
Papier aus verantwortungsvollen Quellen
FSC® C083411

Originalausgabe
Mai 2015
© Piper Verlag GmbH, München/Berlin 2015
© Felix Dachsel 2015
Umschlaggestaltung: semper smile, München
Umschlagabbildung: FinePic®, München
Satz: Kösel Media GmbH, Krugzell
Gesetzt aus der Tisa OT
Papier: Munken Print von Arctic Paper Munkedals AB, Schweden
Druck und Bindung: CPI books GmbH, Leck
Printed in Germany   ISBN 978-3-492-30661-4

»They misunderestimated me.«
George W. Bush

VORWORT

Ich bin meistens zu faul, das Vorwort zu lesen. Es ist anstrengend genug, ein Buch zu lesen. Sie haben doch auch keinen Bock auf ein Vorwort, mal ehrlich.

TERRORZELLE
LERNGRUPPE

Ein Mann quält sich Meter für Meter durch die tropische Hitze Kolumbiens, eine Zigarette im Mundwinkel, einen Revolver im Gürtel. Die Stirn glänzt vor Schweiß, und je höher die Sonne steht, desto langsamer werden seine Schritte. Das Wasser wird knapp. Er beißt in das letzte Stück Zwieback.

Ungefähr so fühlte ich mich, als ich gerade mein zweites Studium an die Wand fuhr. Ich stellte mir vor, ich sei Teil eines südamerikanischen Films mit dem Titel »Als die große Trägheit kam«.

Aber in Wahrheit war alles viel schlimmer. Denn ich marschierte nicht heroisch durch die Wildnis, sondern stand in der tödlichen Stille einer Universitätsbibliothek. Irgendwo im fleißigsten Land der Welt.

Es gab hier keine Schlangen und keinen Dschungel. Es roch nach alten Büchern und Jurastudenten, die sich, in Erwartung kommenden Wohlstands, mit Parfum von Jean Paul Gaultier übergossen hatten. Wenn sie an mir vorbeiliefen, das Polo-Shirt spannte sich über ihren aufrechten Körper, dann zogen sie den beißenden Gestank der Gewinner hinter sich her.

Sie trugen Ray-Ban-Brillen und lachten breiter als Dieter

Bohlen. Wenn man genauer hinsah, dann erkannte man jedoch, wie der Schweiß auf ihrer Stirn funkelte. Es war der Schweiß des möglichen Scheiterns. Auch sie hatten Angst. Denn ihnen drohte, wenn es hart auf hart kam, ein Leben ohne Segelboot. Oder sogar ein Leben komplett ohne Segelschein.

Ich hatte dreizehn misslungene Schuljahre hinter mir, ein misslungenes Abitur, einen misslungenen ersten Studienversuch, 4300 Stunden Mittagsschlaf, ich hatte 350mal den Bus verpasst, und wahrscheinlich war ich auch im Kindergarten nie richtig gut gewesen. Man hätte damals eine Attraktion aus mir machen können: Das Kind, das zu faul zum Spielen ist. Man hätte einen Jungen bewundern können, der träge zwischen Bauklötzen saß, während die anderen Kinder ägyptische Pyramiden bauten oder mit Lego das römische Abwassersystem nachstellten. Die fleißigen Kinder setzten mich von Anfang an unter Druck. Es waren dieselben Kinder, die später bei »Jugend musiziert« Rachmaninow vierhändig spielten, obwohl sie nur zwei Hände hatten. Und die bei »Jugend forscht« unter Applaus des Physiklehrers ein funktionsfähiges Atomkraftwerk aus Moosgummi erfanden. Immerhin scheiterten sie, als sie versuchten, im Internet Plutonium zu bestellen.

Jetzt, in diesem Moment, sah ich dabei zu, wie mein zweiter Studienversuch scheiterte. Obwohl ich doch gedacht hatte, Politikwissenschaft sei das Richtige. Vielleicht hatte ich das aber nur gedacht, weil wir damals, bei meinem ersten gescheiterten Studienversuch in München, in einem Germanistikseminar wechselweise über Walther von der Vogelweide und Arztromane von Bastei Lübbe diskutiert hatten.

Mit einer Lidl-Tüte in der Hand, in der ich meinen Laptop

und einen angegessenen Power-Müsliriegel für lang anhaltende Energie verstaut hatte, betrat ich das Foyer der Freiburger Universitätsbibliothek. Ein gestreifter Jura-Mensch stand vor der Cafeteria. Er sah aus wie ein Matrose. Zu allem Überfluss hatte er auch noch seinen Kragen aufgestellt, als wolle er dem Klischee mit aller Macht entsprechen. Neben ihm lehnte eine Jura-Studentin mit weißer Bluse und guten Zähnen. »Im Herbst soll die Ostsee ja wahnsinnig toll sein«, sagte er. Ich stellte mir vor, wie er mit seinem Segelboot auf der Ostsee kenterte.

Jemand hatte mir erzählt, dass in den Lüftungsschächten der Bibliothek tote Ratten lagen. Und wenn man tief einatmete, dann roch man die süße Verwesung. Es gab hier also tatsächlich Lebewesen, die noch weniger taten als ich. Ich nahm einen Bissen von meinem Power-Müsliriegel für lang anhaltende Energie und ging an den Schließfächern vorbei, die Lüftung surrte gleichbleibend und verteilte zuverlässig die Rattenluft in jeden Winkel. Von draußen drangen Straßengeräusche herein. Links beugte sich ein Student über ein Skript, als könne sein Kopf jeden Moment auf die Tischplatte knallen. Wie ein Mafiaopfer, das in einen Teller Spaghetti kippt. Die Menschen sagen dann, wenn sie ihn dort liegen sehen, den leblosen Kopf in den Büchern vergraben: Er hat einfach zu viel gewusst.

Weiter hinten, am Ende des Gangs, war einer über seinen Büchern eingeschlafen. Seine Brille war ihm von der Nase gefallen, sein Mund war so weit geöffnet, als sei er beim Zahnarzt. Er sabberte, und auf seinem Buch, »Der Reichsdeputationshauptschluss Napoleons aus Württembergischer Sicht«, hatte sich ein milchiger See gebildet. Ich sah, wie der Sabber von der Tischkante auf den Boden tropfte. Tap. Tap. Tap.

Gibt es einen traurigeren Ort als diesen? Ich nahm einen weiteren Bissen von meinem Power-Müsliriegel für lang anhaltende Energie. Die Wirkung setzte nicht ein. Ich war dynamisch wie eine griechische Breitrandschildkröte, nur nicht ganz so elegant.

Am Eingang des Lesesaals im ersten Stock unterhielt sich eine aufgebrachte Lerngruppe. Sie hüpften herum wie Hühner. Eines der Hühner hatte Apfelschnitze mitgebracht und verteilte sie nun an die anderen Hühner. Sie unterhielten sich über die letzte Folge von »Germanys Next Top Model«. Sie verständigten sich wie ein Urvolk mit wedelnden Händen, mit Kreischlauten, Fiepen und Kichern. Die Krankheit, die Heidi Klum hat, ist wohl ansteckend. Dann gingen die Hühner zurück in ihre Lerngruppe, setzten wieder ihre ernsten Studiergesichter auf und benahmen sich wie erwachsene Menschen.

Lerngruppen, um das kurz zu erklären, sind terroristische Zellen, die auf lange Sicht die Herrschaft der Heftklammer anstreben. Lerngruppen sind selten konspirativ. Sie treffen sich oft in der Öffentlichkeit, vor allem in Universitätsbibliotheken. Sie sehen auf den ersten Blick harmlos aus. Da wird gescherzt und gelacht, da werden Gummibärchen verteilt und Textmarker getauscht. Es gibt da militante und weniger militante. Die militanten sind bis an die Zähne bewaffnet. Zum Beispiel mit einer Spezialwaffe, die sich Lochrandverstärker nennt.

Ich bin erst an der Universität mit Lochrandverstärkern in Kontakt gekommen, denn ich hatte eine unbeschwerte Kindheit fernab von Lochrandverstärkern. Vielleicht gab es sie bei uns zu Hause, immerhin ist meine Mutter Lehrerin. Aber wenn, dann waren sie vergraben unter einem ewigen Chaos von Geschenkpapier und Zahnarztrechnungen.

Lochrandverstärker sind kleine, meist transparente, manchmal auch bunte Gummikreise, die gelochte DIN-A4-Seiten vor dem Ausreißen schützen.

Mit Hilfe des Lochrandverstärkers wollen Lerngruppen, früher oder später, das Land mit dem Terror der Fleißigen überziehen. Das bedeutet: Früh aufstehen, stündlich To-do-Listen anlegen, durch den Park joggen, dreimal am Tag die Wohnung wischen und immer und zu jedem Thema Leitz-Ordner anlegen.

Da gibt es dann den Ordner »Finanzen 1993«, den Ordner »Haus und Familie 2001–2003« oder den Ordner »Schwedenurlaub 2007«. Das Motto heißt: Man kann alles abheften, wenn man nur will. Wenn die Lerngruppen eines Tages das Land regieren, dann wird alles in zwei Kategorien geordnet: klausurrelevant und nicht klausurrelevant. Jedem Bürger wird es dann gesetzlich vorgeschrieben sein, über Textmarker in mindestens sieben verschiedenen Farben zu verfügen.

Ich habe Angst vor diesen Gruppen, sie sind mir zu radikal. Die Lerngruppen von heute sind um einiges entschlossener und besser organisiert als die K-Gruppen der Siebziger. Aber Lerngruppen waren nur die eine Gefahr, die mir das Leben schwer machte. Was mich viel mehr bedrohte, war die Trägheit.

Sie überkam mich an diesem Tag wie ein Schwarm Killerwespen, von hinten, leise surrend, tief brummend. Ich sah sie nicht kommen. Sie legten sich wie ein Schatten über mich, während ich ahnungslos auf meinem zu kleinen Stuhl in der Unibibliothek saß, mit krummem Rücken, in einer dieser kleinen Lernparzellen, die man sich morgens erobert und im Fall von kurzer Abwesenheit mit dicken Wälzern besetzt hält.

So, wie Deutsche im Ausland Liegestühle mit Handtüchern besetzt halten: Weg da, ich war vor dir da, steh halt früher auf. Heute war ich früh aufgestanden.

Ich hatte noch zwei Wochen Zeit, drei Hausarbeiten fertigzustellen. Ich musste mindestens zwei der drei Hausarbeiten schaffen, um nicht exmatrikuliert zu werden. Es blieben also zwei Wochen Zeit, meinen Rausschmiss an der Uni zu verhindern. Was ich allerdings fast noch mehr verhindern wollte, war ein weiteres Gespräch mit Frau Anger.

Frau Anger saß im Bachelor-Amt, und wenn ich sie hier als Teufel bezeichne, laufe ich Gefahr, dass sich der Teufel bei mir beschwert, dass ich ihn mit Frau Anger vergleiche. Wenn man irgendeine Frage hatte, die im weitesten Sinne damit zusammenhing, wie man diesen Bachelor zu studieren hatte, welche Prüfung vor welcher abzulegen war, wie weit man ein Seminar schieben durfte und wie man ein Urlaubssemester beantragte, dann kam man nicht umhin, Frau Anger zu konsultieren.

Sie saß in einem Büro, das so absurd groß war wie ein Amtsraum in Geschichten von Franz Kafka. Es roch nach Rauch, und durch die verdunkelten Scheiben fiel ein fahler Schimmer auf ihr Gesicht. An schlechten Tagen schrie Frau Anger, an guten Tagen raunzte sie. Immer aber wiederholte sie einen Satz: »Ja, haben Sie denn die Prü-fungs-ord-nung nicht gelesen?«

Was Frau Anger aber eigentlich, zwischen den Zeilen, sagte, war: »Du verschlafenes Moppelkind, ich werde dich so lange morgens um halb sieben in mein Büro bestellen, bis es in deinem verkümmerten Kindergehirn nichts gibt, als diese verdammte Prüfungsordnung!«

Frau Anger ließ während der Sprechstunde immer ihre Tür geöffnet. So konnten alle, die auf dem Gang warteten, zuhören, wie sie ihre Opfer langsam und präzise filetierte. Wenn ich dann ihr Büro verließ, und mir fehlte nur die Nase und ein Arm, dann nickten die Wartenden anerkennend, ich hatte mich gut geschlagen.

An diesem Tag klappte ich in der Bibliothek also meinen Laptop auf und stapelte die nötige Literatur neben mir zu einem Turm der Weisheit. Ich grüßte meinen Nebensitzer mit einem Nicken, wissend, komplizenhaft, wie das ein Werktätiger tut, der einen anderen Werktätigen trifft.

Ob er mir ansah, dass ich gar kein Student war? Denn in Wahrheit stellte ich nur einen Studenten dar. Und das ziemlich schlecht. Ich war der Till Schweiger unter den Studentendarstellern. Das musste doch irgendwann auffliegen.

Die Hausarbeit sollte von einem amerikanischen Politologen handeln, von der Theorie des Wertewandels, dem Postmaterialismus, Bedürfnispyramiden und den Grünen. Ich hatte recht wahllos Literatur zusammengesucht, die ich nun nach Brauchbarem durchforsten wollte: erst im Inhaltsverzeichnis, dann weiter hinten, vor- und zurückblätternd. Ich fühlte mich wie ein Hochstapler.

Aber eines hatte ich schon gelernt: Wenn man von seinen aktuellen Hausarbeiten spricht, dann setzt man dabei einen ebenso ernsten wie geheimnisvollen Gesichtsausdruck auf. Dann schiebt man sich mit dem Zeigefinger die Hornbrille zurecht und sagt Sätze wie: »Na ja, was ich gerade versuche, ist halt – aus einer Perspektive der Kritischen Theorie –, Heidegger als Folie über die Poststrukturalisten zu legen und da einfach mal einen Kurzschluss zu versuchen.« Oder man sagt, ebenso griffig wie rätselhaft: »Ich werde beweisen, dass Karl Marx kein Marxist war.«

Es geht da oft um Simulation. Wahrscheinlich könnte man viel Geld machen, wenn man an der Uni Adorno-

Wörterbücher verkaufen würde: »Die wichtigsten Begriffe auf einen Blick«. Damit könnte man, ohne lästige Lektüre von dicken Wälzern, auf Partys mitdiskutieren. Über Tendenzen zur Liquidation des Individuums zum Beispiel. Oder über Entfremdung. Das richtige Leben im falschen. Über was man halt bei Partys so spricht, wenn das Bier alle ist.

Ich tippte Ronald Ingleharts Namen bei Google ein: Stationen an der Universität Mannheim, der University of Kyoto, der Dōshisha-Universität Kyoto, an der Freien Universität Berlin, der Universität Leiden in Holland, der Academia Sinica in Taipei, dem Berlin Science Center for Social Research und an der Universität Rom. Ronald Inglehart war ein verdammter Profi.

Ich begann zu lesen, doch sobald ich eine halbe Seite gelesen hatte und sich der geringste Anlass ergab, mich ablenken zu lassen, sprang mein Blick vom Buch durch die Gänge der Bibliothek, auf den Bildschirm meines Laptop und von dort nach draußen, wo sich gerade eine Regenwolke im Schwarzwald verfing.

Zwei Tische weiter saß Linda, sie hatte eine übergroße Flasche Volvic neben sich stehen. Wie viel Liter waren das wohl: Drei? Fünf? Siebzehn? Sie saß da sicher schon seit Tagen. Eigentlich müsste draußen ein Krankenwagen auf sie warten oder ein Sauerstoffzelt.

Linda war eine Frau, die alles hatte: Textmarker in vier Farben, Leitz-Ordner und einen VW Polo in Gelb. Falls sich irgendwann die Herrschaft der Heftklammer durchsetzt, wird sie den Anspruch haben, die ewige Kaiserin zu sein. Wenn Linda in die Bibliothek ging, dann nahm sie sich Essen in Tupperdosen mit und Wasser in Volvicflaschen.

Linda trieb eine existenzielle Frage um, sie stellte sie am

Ende jedes Semesters. Eine Frage, die für sie so groß und bewegend war, dass sie sich zur Ankündigung fast den Arm ausrenkte, und wenn das nicht reichte, schnipste sie noch mit den Fingern.

»Müssen wir das für die Klausur wissen?«

Und während der Professor Linda antwortete, markierte sie das Skript milimetergenau, gewissenhaft steckte sie das Objekt ihres Ehrgeizes ab: Keine Zeile, kein Buchstabe sollte ihr entkommen.

Linda joggte jeden Morgen. Sie steckte Traubenzucker in ihren Sport-BH, für alle Fälle. »Ich will vorbereitet sein«, sagte Linda.

Linda war ein Volvicmädchen. Es schien, als hätte man die Bachelor-Universität nur für Linda entworfen. Ich war still entsetzt über ihre Anpassungsfähigkeit und veralberte ihre blinde Strebsamkeit. Einerseits. Andererseits bewunderte ich sie: Linda war ein Ausrufezeichen der Selbstdisziplin.

Linda saß mit mir in einem Seminar zur Europäischen Union, fast immer erste Reihe links, ihre Haare hatte sie zum Pferdeschwanz gezähmt. Wenn der Dozent den Raum betrat, dann schaltete sie ein Lächeln ein, das sie ebenso zuverlässig abschalten konnte, sobald es die Situation nicht mehr erforderte.

Sie wandte ihr Gesicht grundsätzlich Autoritäten zu, wie sich Sonnenblumen grundsätzlich zum Licht drehen. Und so erblühte sie auch erst vollkommen, wenn sie die Aufmerksamkeit einer Autoritätsperson errungen hatte.

Linda kam von der Schwäbischen Alb und war Protestantin, was weniger Auswirkungen auf ihre Religiosität hatte denn auf ihre Lebensführung: Nur sehr dosiert gab sie sich Kontrollverlusten hin, als Belohnung nach getaner Arbeit – etwa beim »Cocktailschlürfen« mit Freundinnen oder einem Schokoladenfondue mit DVD-Abend.

Das Bachelor-System, die neue Universität, das war Linda. Professionelle Fähigkeiten erwerben in so genannten BOK-Kursen, das steht für »Berufsorientierende Kompetenz«. ECTS-Punkte sammeln wie ein Eichhörnchen, die sie später anrechnen und mit ihren Freundinnen vergleichen konnte. ECTS, das steht für das »European Credit Transfer System«. Und in den Semesterferien ein Praktikum, noch ein Praktikum und noch ein Praktikum: bloß keine Freizeit.

Linda fürchtete sich vor Lücken im Lebenslauf. So sehr, als könne sie darin verschwinden. Für Linda war die Universität die Fortsetzung der Schule mit anderen Mitteln.

Wenn ich Linda verstehen wollte, fragte ich Marie. Marie lernte ich im Seminar zur Europäischen Union kennen, in dem auch Linda saß. Sie war schlau und humorvoll und trug T-Shirts von Bands, die ich nicht kannte. Wenn sie vom Fahrrad stieg, dann waren ihre Haare zerzaust wie die einer Hexe, sie war elegant und laut.

Marie engagierte sich bei Greenpeace und kandidierte für die Hochschulwahlen. Einmal besetzte sie aus Protest gegen Studiengebühren einen Autobahnzubringer, was ihr eine Nacht bei der Polizei einbrachte und viel Applaus: Marie hatte vor nichts Angst.

Marie studierte Soziologie, wollte den Kapitalismus zerstören und forderte gleichzeitig eine Frauenquote für Dax-Unternehmen. Einmal diskutierte ich mit ihr über Frauen und Männer, Chancen und Gerechtigkeit, über unsere Eltern, die Siebziger und jetzt.

»Die Ära des alten, weißen, heterosexuellen Mannes muss zu Ende gehen«, sagte Marie und ließ ihre Faust auf den Küchentisch fallen, als sei ihre Hand die Klinge einer Guillotine.

»Mhm«, sagte ich und trank einen Schluck Bier.

Wenn Marie von Männern sprach, dann immer nur in Kombination mit diesen Attributen: alt, weiß, heterosexuell. Sie war dann ungefähr so entspannt wie Robespierre kurz nach der Französischen Revolution.

»Bist du nicht von Linda genervt?«, fragte ich sie einmal, in der Hoffnung, dem Gespräch seine Strenge zu nehmen. In der Hoffnung, gemeinsam lachen zu können über VW-Polo und Essen in Tupperdosen.

»Nein«, sagte Marie. »Ich bin genervt von dir. Linda kann lernen, wie sie will – am Ende bekommst doch du den Job! Und weißt du, warum?«, fragte Marie.

»Mhm«, sagte ich.

Marie betonte jetzt jedes Wort einzeln: »Weil sie eine Gebärmutter hat!«

Ich wollte gar keinen Job, ich träumte von einer Welt ohne Arbeit. Aber das sagte ich Marie nicht. Manchmal sah ich mein Leben als Jump-and-Run-Spiel: Ich hüpfte durch eine knallbunte Welt, Kirschen hingen in den Bäumen. Wenn ich sie einsammelte, bekam ich Superkräfte. Doch dann tauchten Volvicmädchen auf: Sie hatten ihre Haare streng zu einem Zopf gebunden, wie Karatefiguren bei »Streetfighter 2«. Sie bewarfen mich mit Textmarkern: grünen, gelben, blauen. Ich wich aus. Duckte mich. Hüpfte. Die Volvicmädchen wurden unterstützt von Frau Anger vom Bachelor-Amt, sie konnte Feuer spucken und hatte ein kiloschweres Buch in der Hand, mit dem sie mich zu erschlagen versuchte: die Prüfungsordnung.

Nachts hatte ich dann Träume wie diesen: Ich stand in einer Bibliothek und musste ein Buch ausleihen, »Erläuterungen zur Diskursethik« von Jürgen Habermas. Die Bibliothekarin wies mir den Weg: letzter Gang rechts, oberstes Fach.

Ich irrte durch eine Abfolge von Gängen, die auf mehreren Ebenen mit Treppen verbunden waren. Ich rannte an endlosen Regalreihen vorbei, bis ich in einen Lesesaal kam. An kleinen Tischen saßen Studentinnen, die ihre Köpfe über Bücher gebeugt hatten, sie bewegten sich synchron. Wie auf Kommando hoben sie ihre Köpfe, als ich den Raum betrat.

Die Studentinnen hatten übergroße Wasserflaschen neben sich stehen, Volvic. Auf den Etiketten las ich: Für gesunde Menschen, für ein gesundes Leben.

Ich fragte nach Habermas. Sie griffen gleichzeitig zu den Flaschen, kippten sich das Wasser über die Haare und schüttelten ihre Köpfe in Zeitlupentempo. Tropfen schossen durch die Luft, größer werdend, sie kreuzten sich, prallten an den Wänden ab. Ich rannte weiter, in den nächsten Saal.

Da saßen Studenten an kleinen Tischen, sie gabelten Nudeln mit Ketchup aus kleinen Tellern, sahen mich herausfordernd an. »Ich suche Habermas«, sagte ich, »Erläuterungen zur Diskursethik«.

Ich bekam keine Antwort, also rannte ich durch einen langen Gang, der mich auf eine Empore führte, von der ich auf ein Foyer blickte. Unten rechts standen Männer, sie hatten Mistgabeln und Schraubenschlüssel in den Händen. Sie sahen zu mir hinauf und schrien: »Faulenzer! Taugenichts!«

Links standen Frauen mit großen schwarzen Brillen, sie fassten sich an den Schultern und marschierten im Kreis.

Sie riefen im Chor, jede Silbe einzeln betonend: »Wohlstands-bu-bi! Wohl-stands-bu-bi!«

Fragend schrie ich »Habermas?«, doch aus dem Getümmel kam keine Antwort. Ich hatte Habermas nicht gefunden.

Ich flüchtete mich in eine Kammer, in deren Mitte unter Scheinwerferlicht eine Theke stand. Männer in Roben reihten sich hinter ihr, sie hielten Holzhämmer in ihren Händen. »Zu befinden ist über den Antrag des Volkes, den Angeklagten von der Universität auszuschließen«, sagte einer der Richter und hob den Holzhammer in die Höhe. Und während er ihn auf den Tisch sausen ließ, erst rasend schnell, dann quälend langsam, wachte ich auf.

Doch jetzt hatte ich weder Zeit zum Schlafen noch zum Träumen. Ich hob meinen Kopf vom Bibliothekstisch und fuhr mit dem Zeigefinger über das Touchpad. Ich ließ den Mauszeiger über den Bildschirm huschen, klickte Ordner auf, schloss sie wieder, völlig ziellos, völlig sinnlos. Der Mauszeiger wurde langsamer, ich guckte rechts oben auf den Bildschirm, zur Uhrzeit. Schon 11.15 Uhr. Erst 11.15 Uhr.

Immer lauter wurde das Quietschen und Kratzen der Textmarker auf Lindas Mitschriften. Das Papier schien sich gegen die Vereinnahmung zu wehren, wie Schweine gegen ihre Schlachtung, so klang das. Iiiiek. Iiiiek. Ich konnte das Papier gut verstehen.

Ich klappte den Laptop zu und ging in die Cafeteria. Der Weg dorthin strengte mich an: Es war, als ob ich durch Matsch stapfte. Jeder Schritt klebte am Boden. Mit großer Kraft musste ich meine Fortbewegung der Gravitation abringen.

Unten trank ich meinen Kaffee, vor mich hin starrend,

das Treiben beobachtend: Auf dem Parkplatz draußen fuhren Autos vor. Fahrräder. Die Straßenbahn. Graue Wolken fielen auf die Stadt. Ein Student quetschte seinen Rucksack in ein Schließfach. Eine Bibliothekarin schob einen Wagen voller Bücher durchs Foyer, die Räder quietschten.

Sie sah aus, als mache sie das schon seit Gründung der Universität im Jahr 1457, mit kurzen Verschnaufpausen im Ersten und Zweiten Weltkrieg.

Ich nahm alles wahr, jeden Laut, jedes Husten. Ich träumte von Lautstärke, davon, Regale umzutreten, ich träumte von Punkmusik, von Grunge, Pearl Jam, Nirvana, von Konfettikanonen. Ich träumte von allem, das die Kraft gehabt hätte, mich aus dieser Mattheit zu befreien.

Als ich wieder vor meinem Computer saß, war es 11.43 Uhr. Als ich das Buch aufschlug, war es 11.45 Uhr. Als ich das Buch wieder weglegte, war es 11.51 Uhr. Ich öffnete den Browser, Spiegel Online, Tagesschau.de, ich aktualisierte die Seiten im 15-Sekunden-Takt. Doch die Nachrichten blieben dieselben.

12.01 Uhr. Die Welt stand still. 12.45 Uhr, ich verließ die Bibliothek.

DIE NACHFAHREN HINDENBURGS

Abends saß ich mit meinem Freund Mats auf einem Berg, von dem aus wir die Stadt sehen konnten und weiter hinten Frankreich. Eine Freundin hatte Mats Schnaps aus Kroatien mitgebracht. Wir tranken ihn aus Eierbechern, weil wir keine Gläser hatten, jede Viertelstunde einen.

»Was eine Scheiße«, sagte ich. Mats nickte. »Was eine Scheiße«, sagte er, ohne genau zu wissen, worauf sich mein Fluch bezog: aus generellem Einverständnis und ewiger Solidarität. Mats studierte Politikwissenschaften wie ich – aber er schrieb in Veranstaltungen mit, hielt geschliffene Referate und gab Bücher pünktlich zurück. Mats regelte die Dinge beiläufig und entspannt.

Wir sagten Dinge, die wir schon so oft gesagt hatten, die uns im Rausch aber ganz neu vorkamen. Wie das im Rausch eben so ist: Man entdeckt alles neu. Man lacht über Witze, die man schon kennt. Man umarmt sich ohne Anlass. Man macht sich Versprechungen, die keiner halten kann, und vergreift sich in den Dimensionen: Wir müssen immer Freunde bleiben, wir werden ewig zusammenhalten, niemand wird uns je trennen. Mag kommen, wer will.

Wir sprachen über die »Postmaterialismusfalle« oder, wie wir sagten: die »Post-matrisms-flle«. Wir sprachen über die Hundertmillionen Optionen für unser Leben auf dieser Welt. Die Schwierigkeit, sich zu entscheiden. Die Angst, etwas zu verpassen. Die tausend Sprachen, die man lernen könnte. Wir benutzten viel »hätte« und »könnte« und »eigentlich«.

Um kurz vor Mitternacht waren wir in einer Art betrunken, die es uns unmöglich machte, Sinn von Unsinn zu unterscheiden, wir verdrehten die Achsen unseres Koordinatensystems, auf Wiesen liegend, durch Wälder jagend, den Lichtern nach.

Aber die Orientierung reichte, um Freunde von Feinden zu unterscheiden. Die Feinde saßen in großen Häusern und soffen, sie liebten ihr Land und waren einzig und allein an der Universität, um sich darauf vorzubereiten, eines Tages einen hohen Posten in Staat und Wirtschaft zu übernehmen. Wir entschieden uns für einen Besuch bei ihnen, also klingelten wir irgendwann zwischen drei und vier Uhr morgens bei der Burschenschaft Teutonia.

Sie residierte in einer dunklen Villa am Stadtrand. Trauerweiden standen im Garten. Vor der Haustür parkte ein Porsche Cayenne. Aus der Gegensprechanlage fragte uns jemand, was wir denn wollten – um diese Uhrzeit. Und wir antworteten sinngemäß, dass wir Nachfahren Paul von Hindenburgs seien und dass wir uns entschuldigten für unsere Verspätung, schließlich hätten wir uns ja bereits für den Nachmittag angekündigt. Es sei eben allerlei dazwischengekommen, wir baten um Verzeihung, die man uns umgehend gewährte, noch durch die Gegensprechanlage.

»Kommt rein«, sagte das unbekannte Gegenüber, und die Tür sprang auf.

Offenbar hatten wir ausreichend Talent, um trotz eines gehörigen Rauschs überzeugend die verspäteten Gäste zu spielen, und allzu sehr rochen wir offenbar nicht mehr nach dem, was wir getrunken hatten: eine Flasche kroatischen Schnaps.

Severin hatte sympathische Locken und trug einen gestreiften Schlafanzug, der ihn auf angenehme Weise harmlos machte, zwischen all den Säbeln, die an den Wänden hingen, den Porträts von alten Männern, den dunkel getäfelten Räumen, den bodentiefen Fenstern.

»Na, dann setzt euch mal«, sagte Severin.

Er ging hoch in sein Zimmer, und als er zurückkam, war er ein anderer Mensch: Die Müdigkeit war aus seinem Gesicht gewichen, die Locken gebändigt, er trug einen blauen Pullover mit eingesticktem Emblem über einem offenbar bestens gebügelten Hemd. Darüber hatte er sich seine Schärpe gezogen, ein breites Band in den Farben seiner Burschenschaft.

»Was führt euch auf unser Haus?«, fragte er.

Noch bevor Mats antworten konnte, stand ich vom Tisch auf und schritt durch den Raum wie ein Anwalt vor Gericht, ich holte aus. Nun sei es ja so, dass die Historikerwoche in Freiburg begonnen habe, dank des großartigen und sehr löblichen Einsatzes von Prof. Dr. Schmitt – ich hatte ihn im Moment meines Vortrags erfunden, wie ich auch alles Weitere erfand.

Aber Severin hörte gespannt zu und beteiligte sich mit interessierten Lauten: Ah! Nein? Wirklich? Toll!

Ich erzählte, mit vielen Ausschmückungen und Seitenarmen – die ich teils verenden ließ, teils später wiederaufnahm –, dass sich der ehrenwerte Historiker Prof. Dr. Schmitt als einer der Ersten und Einzigen seines Fachs darum bemüht hatte, die letzten Alemannisch sprechenden Nachfahren von Paul von Hindenburg ausfindig zu machen, während die große Masse der Historiker davon ausgegangen sei, Hindenburg habe keine süddeutschen Nachfahren.

Aber es gebe sie, nämlich eben Mats und mich, hier säßen wir ja nun leibhaftig, das sei ja wohl Beweis genug. Severin nickte, ein ernstes Nicken, was ich als Geste der Ehrerbietung las, also fuhr ich fort.

Und eben jener Professor Schmitt habe uns zum 23. Historischen Symposium eingeladen, das in diesem Jahr unter dem Motto »Deutschland als Begriff« stehe. Und da Professor Schmitt selbst gerade Besuch einer zwölfköpfigen Historikerkommission aus Flandern habe, sein Haus in Herden platze nun aus allen Nähten, obwohl es ausgesprochen geräumig sei, habe er uns angeboten, seine Bundesbrüder bei der Teutonia nach einer Unterkunft für uns zu fragen.

»Das … muss … dann untergegangen sein«, sagte Severin kleinlaut. Ich legte ihm eine Hand auf die Schulter, kniff die Augen zu und nickte: »Macht doch gar nichts, Severin.« Und Mats fügte milde lächelnd an: »Nobody's perfect.«

Eine Stunde später hatte uns Severin Bettlaken und Handtücher gebracht und den Weg zum Gästezimmer gewiesen. Er betonte noch mal, dass er ausgesprochen stolz sei, dass Nachfahren des Reichspräsidenten von Hindenburg seine Teutonia beehrten und dass es ihm auch ein bisschen peinlich sei, gerade ihm als angehenden Historiker, dass er zum einen nie etwas von uns, zum anderen nichts von der Freiburger Historikerwoche gehört habe, wie hatte das nur an ihm vorbeiziehen können? War er doch sonst so aufmerksam.

Wir saßen auf den Betten, es war nun still im Haus, wir waren Opfer unseres Erfolgs, gefangen in der sagenhaften Rolle als letzte süddeutsche Nachfahren Hindenburgs. Flüsternd besprachen wir die Optionen. 1.) Das Spiel geht weiter. Wir bleiben einige Tage und versuchen, die ehrenwerte

Burschenschaft Teutonia in den Abgrund zu führen. 2.) Wir schleichen uns aus dem Haus, nicht ohne ein paar Souvenirs mitzunehmen, Fahnen, Dolche. 3.) Wir gehen einfach so. 4.) Wir wecken Severin, sagen ihm die Wahrheit und entschuldigen uns.

Option drei und vier erledigten sich von selbst. Ich favorisierte die erste Option, Mats lehnte sie aus praktischen Gründen ab: Wie sollten wir erklären, dass wir ohne Gepäck gekommen waren? Was sollten wir die nächsten Tage anziehen? Wir einigten uns also darauf, zu gehen. Unter der Bedingung, dass wir Trophäen mitnahmen.

Im Treppenhaus hing etwas, das wir Krummdolch nannten, in Ermangelung des notwendigen Fachvokabulars. Mats wollte diesen Dolch unbedingt, obwohl er ungünstig hoch über der Treppe hing. Ich machte ihm eine Räuberleiter, er zog den Dolch von der Wand, wobei wir lauter waren, als man sein sollte in einem Haus voller schlafender Hunde. Wir standen den Bruchteil einer Sekunde wie festgefroren auf den Stufen. Mats streckte den Dolch von sich, als stünde er unter Strom.

Dann begannen wir zu rennen, die Stufen hinunter, fast stolpernd, über Marmor, durch die Eingangshalle, an den Porträts der alten Männer vorbei bis zur großen Tür, durch die wir gekommen waren: das Portal in eine seltsame Nacht.

Doch die Tür war verschlossen. Und sie blieb verschlossen, obwohl wir die Klinke fünfundzwanzig Mal nach unten drückten. Beim sechsundzwanzigsten Mal trat oben, hinter uns, Severin auf die Empore.

»Kann ich euch helfen?«, fragte er laut und ebenso süffisant, mit jedem Wort die Schmach heimzahlend, die wir ihm zugefügt hatten. »Nein, danke«, sagte ich. »Wir kommen zurecht.«

ALS FAULES KIND IN SCHWABEN

Ich komme aus der schlimmsten Region der Welt. Die Menschen dort haben Arbeit und sind in einer Weise fleißig, die an Terror grenzt. In meiner Heimat gibt es einen Satz, der jede Diskussion beendet. Wer ihn ausspricht, signalisiert, dass die Macht mit ihm ist. Er lautet: »Halt's Maul, mei Vaddr schafft beim Daimler.«

In dieser Region, jenem freudlosen Landstrich zwischen Stuttgart und Schwäbischer Alb, arbeiten sehr viele Menschen beim Daimler. Ich glaube sogar, dass man sich verdächtig macht, wenn man nicht beim Daimler arbeitet. Man kann sagen: Der Daimler ist das geistig-religiöse Zentrum der Region.

Er bringt den Menschen bei, dass Solidität und Sicherheit die entscheidenden Werte sind: nicht nur bei der Wahl des Autos, im Leben generell. Er führt vor, wie man Wohlstand, Zurückhaltung und Geiz verbindet. Der Daimler lehrt, wie man ernst und arbeitsam durchs Leben geht.

Irgendwann, als ich noch ein Kind war, trat Herr Häberle in mein Leben. Es gab ihn nicht, ich hatte ihn mir ausgedacht. Herr Häberle lebte nur in meiner Phantasie. Er war Sachbearbeiter im Daimler-Werk. Ich habe keine Ahnung, ob es da Sachbearbeiter gibt. Aber das Wort »Sachbearbeiter« beinhaltete schon damals so viel, vor dem ich mich bis heute fürchte. Und gleichzeitig faszinieren mich Sachbearbeiter. Während man beispielsweise als Theaterwissenschaftler oder Ethnologe immer erklären muss, was man da genau macht, hat das Wort Sachbearbeiter eine Autorität, die sich niemand zu hinterfragen traut.

»Was machst du denn beruflich?«
»Ich bin Sachbearbeiter.«

Wer will da noch weitere Fragen stellen.

Herr Häberle trug ein Jackett mit Karomuster. Sein Handy verstaute er in einer praktischen Gürteltasche. Wenn Herr Häberle mit seiner Frau in den Urlaub fuhr, dann packte er Hosen ein, deren Beine man mit einem Reißverschluss abtrennen konnte. Das Ehepaar Häberle verband eine glühende Faszination für das Praktische und Nützliche. Morgens, wenn sich Herr Häberle für die Fahrt zur Arbeit fertig machte, wickelte ihm seine Frau belegte Brote in Aluminiumfolie ein.

Abends, wenn Herr Häberle von der Arbeit kam und seinen Aktenkoffer unter die Garderobe stellte, strich Frau Häberle die benutzte Aluminiumfolie mit dem Nudelholz glatt und legte sie zurück in den Küchenschrank.

Die letzten großen Freiheiten, die Herrn Häberle blieben, waren die Wahl zwischen Gericht 1 und Gericht 2 in der Betriebskantine und die Entscheidung, wie viel Benzin er wöchentlich in seinen Daimler tankte. Wenn jemand Herrn Häberle die Vorfahrt nahm, dann hupte er mit großer Genugtuung und schrie: »Du dreckige Drecksau!«

Herr Häberle saß fortan auf meiner Schulter und schüttelte bei allem, was ich tat, den Kopf. Er kontrollierte mich tagein und tagaus, rund um die Uhr, und füllte, während er mich beobachtete, Formulare aus, die er daraufhin in seinem Aktenkoffer verstaute.

Es ist nicht leicht, als faules Kind in Baden-Württemberg aufzuwachsen. Über Jahre habe ich passiven Widerstand gegen die Fleißigen geleistet durch extremen Mittagsschlaf und freundliche Leistungsverweigerung. Doch seit ich denken kann, sind wir faulen Kinder in der Minderheit gewesen. Im Kindergarten, in der Schule. Wir lebten in der ständigen Angst, entdeckt zu werden.

Wahrscheinlich habe ich in meiner Schulzeit, ohne es zu wissen, etliche Rekorde aufgestellt. Der längste Mittagsschlaf am Stück. Der langsamste Kopfrechner Baden-Württembergs. Die knappste Versetzung Zentraleuropas.

Es war das Jahr, in dem die USA in Bagdad einmarschierten und Michael Ballack mit Bayern Meister wurde, nach 29 Spieltagen an der Tabellenspitze. Im Frühsommer 2003 ging es zum fünften Mal in Folge darum, ob man mich ins nächste Schuljahr versetzen konnte, ins elfte.

Fünf Jahre lang war die Frage, ob ich versetzt werde, eine der spannendsten Fragen für mich gewesen. Das Spannendste an der Schule überhaupt. Fünfmal in Folge wiederholte sich am Ende des Schuljahrs ein Schauspiel, das ich mit einer Mischung aus Nervosität und Fatalismus beobachtete. Ein Schauspiel in drei Akten.

Das Halbjahreszeugnis war der erste Akt, so etwas wie eine Gefahrenprognose, die meistens Bedrohungen aus den Richtungen Chemie, Physik, Mathe und Biologie meldete, die Ermahnungen meiner Lehrer gewannen an Ernsthaftigkeit und Nachdruck. Sie zogen die Augenbrauen zusammen, von Schuljahr zu Schuljahr weiter. Falten entstanden auf ihrer Stirn, von Schuljahr zu Schuljahr mehr.

Am 14. März 2003, meinem Geburtstag, sah ich in den

Nachrichten eine Rede von Bundeskanzler Gerhard Schröder. Er kündigte an, die Sozialsysteme zu reformieren, das Arbeitslosengeld zu kürzen, den Kündigungsschutz zu lockern. Es klang so, als sei es lang genug gemütlich gewesen in diesem Land, als solle nun ein anderer Wind wehen. Die Herrschaft der Lerngruppen kündigte sich an.

In der Schule lagen Magazine aus, die Schüler über ihre Karrierechancen informierten. Vom Titel lachte ein Mann mit gegelten Haaren, neben ihm stand eine Frau mit smarter Brille. Das Magazin hieß »Karriere jetzt« und bot neben Tipps für Bewerbungsgespräche einen Überblick über die besten Universitäten in Europa. Ich blätterte durch das Heft und entdeckte eine Tabelle, die aufführte, was Arbeitgeber mögen und was nicht.

Arbeitgeber mögen die Bereitschaft zu Überstunden, angemessene Kleidung, Flexibilität, Dynamik, gute Laune. Mir waren diese Arbeitgeber unsympathisch, noch bevor ich einen Arbeitgeber kennengelernt hatte. Meine Befürchtung war, dass Arbeitgeber auf lange Sicht meinen Mittagsschlaf gefährden könnten.

Ich begann in einer Art und Weise durch die Schule zu huschen, die sicherstellte, dass ich auf meinen Wegen durch die Gänge und Etagen möglichst wenig Lehrern begegnete, weil in jeder dieser Begegnungen die Gefahr einer pädagogischen Kurzintervention lag. Gefährlich war vor allem die zweite Etage, hier befand sich das Lehrerzimmer. Ich informierte mich, wo an der Fassade der Schule die Feuerleitern verliefen, denn sie ermöglichten mir für den Notfall, also gegen Ende des Schuljahrs, ins jeweilige Klassenzimmer zu kommen, ohne davor die Schule zu betreten. Mit möglichst wenig Feindkontakt.

Das Leben vor den Halbjahreszeugnissen war ein besseres, ich begann die Schuljahre mit guten Vorsätzen und bester Stimmung, allen Turbulenzen zum Trotz. Ich gelobte Besserung, legte Hausaufgabenhefte an, stapelte abends die Bücher zu einem Turm. Dieses Jahr wird alles besser, sagte ich jedes Jahr.

Meine Schule war ein grauer und grüner Klotz, der in einer mittelgroßen Stadt südlich von Stuttgart steht, in einer Region des Landes also, in der man sich einen Platz im Himmel sichert, wenn man gründlich und regelmäßig die Straße kehrt oder eben lange genug beim Daimler gearbeitet hat. Ich muss davon ausgehen, dass ich diesen Platz in dreizehn Schuljahren verspielt habe, egal, wie viel Straßen ich in meinem Leben noch kehren werde.

Aber in den Himmel zu kommen, das war ohnehin nicht mein Anspruch, mir reichte schon, wenn ich das nächste Schuljahr erreichte. Jedoch hatte ich manchmal den Eindruck, auch das hängt von überirdischen Kräften ab.

Der erste Akt des Schauspiels, das den Titel »Die Versetzung« trägt, ist ein düsterer Akt, die Bühne verdunkelt sich, Theaterdonner ertönt. Ich sehe mir dabei zu, wie ich frühmorgens in einem kalten Dorf auf den Bus warte, auf meinem Rücken hängt ein Ranzen, in dem die Hälfte vergessen wurde. Ein dunkler Bus rollt an, die Linie 188.

188, die Linie des Grauens.

Ich steige in den Bus. Der Busfahrer, dessen Art zu sprechen mehr wie ein Bellen klingt, bellt mich an, weil ich mein Monatsticket nicht aktualisiert habe. »Ich weiß«, sage ich. Entschuldigung. Ich senke den Kopf. Ich werde mich bessern. Ja.

Der Bus fährt über schwäbische Dörfer, der Busfahrer bellt, weil auch andere ihre Monatstickets nicht aktualisiert haben. Draußen ist es noch dunkel, und ich hoffe, dass der Bus einen Unfall hat oder der Motor kaputtgeht. Ich hoffe auf höhere Gewalt, die mich davon abhält, in die Schule zu gehen. Ich träume vom Ausnahmezustand: Überschwemmungen, Sturmschäden, der Landung eines Ufos auf dem Marktplatz.

Aber der Bus rollt von Dorf zu Dorf, unaufhaltsam auf die Stadt zu, in der meine Schule steht. Die Flüsse treten nicht über die Ufer, es fegt kein Sturm über das Land, es landet kein Ufo auf dem Marktplatz. Die Menschen arbeiten, obwohl es noch dunkel ist. Sie schieben Croissants in die Auslage der Bäckerei, sie wechseln Reifen in der Werkstatt, gehen durch das Tor beim »Daimler« zur Frühschicht, zur Spätschicht, zur Nachtschicht. Das Land brummt. Es ist Feindesland. Das Land der Fleißigen und Werktätigen. Daimlerland.

Der Bus hält in der Stadt. Ich habe Bauchschmerzen, es ist halb acht. Die Schule ist schlecht geheizt, ich friere. Die erste Stunde, Mathe, vergeht als einziges Rauschen, der Lehrer bewegt den Mund, aber ich verstehe ihn nicht. Er zeichnet ein Dreieck an die Tafel, Zahlen, Formeln. Plötzlich bleibt alles stehen, Standbild. Der Lehrer ist durch die Reihen geschritten und bleibt vor meinem Tisch stehen, bewegungslos, und sieht mich an.

Hat er meinen Namen gesagt?

Alle Wörter, die nur im Entferntesten wie mein Name klingen, verstehe ich als Bedrohung und schrecke auf. Der Lehrer setzt sich wieder in Gang, geht vor an die Tafel. Zeichnet noch mehr Dreiecke, Zahlen und Formeln.

Schaut er zu mir?

Er schaut zu mir. Ich soll an die Tafel gehen und etwas in die Winkel des Dreiecks zeichnen. Er drückt mir ein überdimensioniertes Geodreieck in die Hand. Ich stehe an der Tafel: die Kreide in der rechten, das Geodreieck in der linken Hand. Ich habe den Eindruck, dass das Geodreieck von Sekunde zu Sekunde schwerer wird, meine Schultern sacken nach unten, meine Handflächen schwitzen. Draußen wird es hell, Vögel landen in den Bäumen. Ich lege das Geodreieck an die voll geschriebene Tafel, Kreidestaub wölkt auf, ich setze die Kreide an das Dreieck an.

Ist schon gut, sagt der Lehrer.

Der zweite Akt der Versetzung heißt »Die Entscheidung«. Beginnend beim Halbjahreszeugnis, baut sich die Dramaturgie über die alles entscheidenden Klassenarbeiten auf und findet in der Notenkonferenz, bei der über meine Versetzung entschieden wird, ihren Höhepunkt. Die Konferenz umgibt eine Aura des Mystischen. Ich weiß nicht, wann und wo sie stattfinden wird, und erfahre von ihrem Termin nur durch karge Andeutungen meiner Lehrer. Das werden wir in der Konferenz diskutieren, sagen sie. Das wird die Konferenz entscheiden, sagen sie. Warten wir die Konferenz ab, sagen sie.

Ich stelle mir den Physiklehrer vor, wie er, seine Brille zusammenklappend und mit dem Zeigefinger auf die Tischplatte schlagend, dafür plädiert, dass man mich nun endlich die Folgen meiner Faulheit spüren lassen sollte. Wir haben. Lange genug. Zugesehen.

Worauf, in meiner Vorstellung, die Religionslehrerin einschreitet, für Verständnis wirbt, denn ein guter Schüler sei ja nicht immer nur jener, der gute Noten schreibt. Es gehe doch da um viel mehr.

»Aha«, sagte die Mathelehrerin. »Um was denn genau?«

»Interesse für die Welt«, sagte die Religionslehrerin. Was den Physiklehrer in meiner Vorstellung dazu veranlasst, mit der flachen Hand auf den Konferenztisch zu schlagen und lachend diesen Satz zu wiederholen, wobei er das letzte Wort, seinen Kopf in den Nacken legend, mit hoher

Stimme an die Decke katapultiert: »Um Interesse für die WELT.«

So verselbstständigte sich in meiner Phantasie die Vorstellung einer Runde, die sich kaffeetrinkend und in Unterlagen blätternd um einen Tisch versammelte und sich entlang der Frage, ob man mich nun endlich sitzen lassen sollte, in zwei Lager spaltete. Ich führte im Kopf Argumente auf, die für und gegen mich sprachen, und bald hatte ich den Eindruck, dass sich die Versetzung nicht in einem Konferenzraum entscheiden würde, sondern in meinem Kopf.

In der Oberstufe verabredete ich mit meinem Mathelehrer einen Nichtangriffspakt. Ich störte seinen Unterricht nicht und verzichtete auf dumme Fragen, im Gegenzug durfte ich während der Stunde Zeitung lesen.

Der Mathelehrer trug abwechselnd braune und grüne Stoffhosen und einen Pullunder über gelben Hemden. Er sah ein bisschen so aus, als habe ihn der Innenausstatter beim Schulausbau in den Siebzigern als Bonus hinterlassen: Entscheiden Sie sich für unsere modische Innenausstattung, und der erste Mathelehrer ist umsonst! Denn meist hatte er seine Kleidung derart perfekt ausgewählt, dass man ihn vor der grünen Tafel und den grauen Wänden gar nicht mehr erkannte.

Er unterrichtete mit der Gewissheit, dass die Wissenschaft der Mathematik Jahrtausende überlebt hatte, ohne sich nur eine Sekunde von pubertierenden Jugendlichen einschüchtern zu lassen. So ein gleichschenkliges Dreieck hat schon viel gesehen.

Es muss zur selben Zeit gewesen sein, als ich zum Patenprogramm »Schüler helfen Schüler« eingeladen wurde, wobei das Wort »Einladung« fälschlicherweise die Möglichkeit suggeriert, dass ich hätte entscheiden können, ob ich mitmachen wollte. Die Idee des Programms war, dass die Starken den Schwachen helfen sollten.

Ich wurde von Liselotte ausgewählt.

Liselotte lebte in einem kleinen Dorf auf der Schwäbischen Alb, das von Wälder umgeben und nur mit einer Buslinie zu erreichen war; ein Dorf, das sich um eine Kirche drängte. Sonntags strömten die Menschen dorthin, und nach dem Gottesdienst wurden Neuigkeiten ausgetauscht, die fast immer Gerüchte waren – außer, es handelte sich um Todesfälle, da hatte man ja, schwarz auf weiß, eine Todesanzeige und zudem die aufgebahrte Leiche als Beleg.

In ihrem Dorf galten zwei Grundsätze, wobei der erste wichtiger war als der zweite: Hauptsache Arbeit, Hauptsache gesund. In ihrem Dorf nahm man die Arbeit so wichtig wie die Religion, wobei man beides mitunter gleichsetzte. Oder gar verwechselte.

Liselotte war natürlich gut in allen Fächern und zudem mit einem gesunden Sendungsbewusstsein ausgestattet. Obwohl: eher mit einem ungesunden Sendungsbewusstsein. Liselotte hatte mich auserwählt, denn sie war fasziniert von hoffnungslosen Fällen. »Es gibt immer Hoffnung«, sagte Liselotte. Und dann lachte sie so breit, dass man ihr vorbildlich durchblutetes Zahnfleisch sah.

Ich fuhr also einmal die Woche in ihr Dorf, um mir helfen zu lassen. Die Häuser duckten sich in die Landschaft, und immer war es neblig, wenn ich aus dem Bus stieg. Auch bei dreißig Grad im Schatten. Liselotte empfing mich an der Tür ihres Siebzigerjahre-Hauses mit missionarischem Lachen und einem Händedruck, in dem all das Mitgefühl lag, das sie für mich entwickelt hatte.

»Herzlich willkommen«, sagte sie. »Hallo«, sagte ich.

Wir saßen in ihrem aseptisch aufgeräumten Zimmer, ihre Mutter hatte Saft gebracht und mich gemustert. Von meinem Platz an Liselottes Schreibtisch aus blickte ich auf das Dorf, die Häuser, die Kirche, die Felder, auf das gesamte Panorama des Grauens. Seit Generationen tat man hier nur drei Dinge: arbeiten, beten und schlecht über die Nachbarn reden.

Aus einem Register an farbig markierten Ordnern zog Liselotte eine Mappe, aus der sie ein weißes Blatt Papier holte, auf dem nichts stand außer eine verzierte Überschrift: Meine Lernziele. Sie hatte Herzen und Smileys auf das Papier gemalt.

Über Liselottes Schreibtisch hing ein Kalender der bedrohten Tierarten. Im Monat April waren gestreifte Maultiere bedroht. Sie standen in der Steppe unter einer glühenden Sonne und sahen noch verlorener aus als ich. Liselotte würde sie alle retten. Die gestreiften Maultiere, mich und alle bedrohten Kinder der Welt. Immer, wenn ich ratlos vor einem Koordinatensystem saß, dann versicherte mir Liselotte, dass mich Jesus liebte.

»Du machst das ganz wunderbar. Ich sehe große Fortschritte«, sagte Liselotte und klebte mir ein lachendes Gesicht auf das Karopapier. Ich hatte gerade in dreieinhalb Stunden Rechenarbeit herausgefunden, wo die Kurve die X-Achse kreuzte. Liselotte wollte jetzt alles aus meinem schlaffen Körper holen. Sie versprach, mir ein Lied auf ihrer Gitarre vorzuspielen, falls ich es schaffen würde, drei lachende Gesichter zu erringen. Was mich dazu veranlasste, mich noch dümmer zu stellen, als ich war.

Bitte nicht die Gitarre.

Als es draußen dämmerte und Liselotte damit begann, ein paar aufmunternde Abschiedsworte zu sprechen, klebten nur zwei lachende Gesichter auf meinem Papier. Ich wollte gerade aufstehen und sah mich schon aufatmend aus der Haustür gehen, da legte Liselotte ihre Hand auf meine Schulter und sagte: »Weißt du, weil du das heute so toll gemacht hast, spiele ich dir trotzdem etwas.« Sie grinste, und ich sah jetzt ihr gesamtes Zahnfleisch.

Sie zog einen schwarzen Gitarrenkoffer unter dem Bett hervor, er war verziert mit Aufklebern vom Kirchentag. Sie sang alle Strophen von »Danke für diesen guten Morgen« und neigte ihren Kopf dabei von rechts nach links.

Wenn es wirklich einen Gott gibt, dann kann er doch so etwas nicht zulassen, dachte ich.

Wahrscheinlich lag es auch an Liselottes Hilfe, dass ich auch den dritten Akt des Versetzungsschauspiels erleben durfte. Der dritte Akt hieß »Erleichterung und Läuterung«.

Im letzten Schuljahr, im dreizehnten, war der dritte Akt spannender als jemals zuvor. Bis zur letzten Minute der Zeugnisverleihung zweifelte ich daran, dass ich mein Abitur bestanden hatte. Auch die Lehrer konnten mir bis zuletzt keine gesicherte Auskunft geben, da der Fall, dass jemand sowohl in der schriftlichen als auch in der mündlichen Mathematikprüfung null Punkte erreicht hatte, eine nicht zählbare Menge, also für sie neu war.

In der Nacht vor meiner ersten Abiturprüfung, Deutsch, konnte ich nicht schlafen. Ich dachte an Ferdinand, Luise und Effie Briest. Um Mitternacht weckte ich meine Eltern. Mein Vater gab mir eine Schlaftablette, ich legte mich wieder ins Bett. Doch ich lag einfach nur da, zwei Stunden, drei Stunden, vier Stunden, und schlief nicht ein. Die Tablette wirkte nicht.

Morgens, als mein Vater kam, um mich zu wecken, lag ich noch immer wach. Ich stand auf, hatte Kopf- und Bauchschmerzen, und duschte kalt. Ich packte Essen und Trinken ein, so übertrieben viel, dass mich ein Aufsichtslehrer später fragte, ob ich denn eine Wanderung plante: Ich hatte das Gefühl für Raum und Zeit verloren.

Als ich vor den Aufgaben saß, es ging um Friedrich Schiller, Theodor Fontane und Exillyrik, mit einem Berg an Schokocroissants, Butterbroten und Orangensaft neben mir, begannen die Zeilen auf dem Papier erst zu verschwimmen, dann bogen sie sich, dann verschwanden sie ganz. Die Schlaftablette wirkte.

Ich weiß nicht mehr, wie lange ich schlief, ob fünf Minuten oder eine Viertelstunde. Ich weiß aber, dass ich meinen Aufsatz mit einem Diagonalstrich beendet hatte, als sei mir der Kugelschreiber auf dem Papier ausgerutscht. Und ich weiß, dass man mir für dieses Kunstwerk vier von fünfzehn möglichen Punkten gab.

Im schriftlichen Matheabitur kapitulierte ich vor der Anforderung, eine Stammfunktion der Funktion f mit f(x) gleich 4 durch Wurzel x plus einhalb mal x hoch 3 anzugeben. Oder ich scheiterte daran, Nullstellen der Funktion f mit f(x) gleich x hoch 3 minus drei mal x hoch 2 minus x plus 3 herauszufinden. Obwohl ich ausgeschlafen war: Vom Vortag hatte die Wirkung der Schlaftablette bis in die Nacht und zum Morgen des nächsten Tages gereicht.

Im mündlichen Matheabitur bestand meine Leistung darin, ein Koordinatensystem korrekt an die Tafel zu zeichnen, aber ich scheiterte daraufhin an der Beschriftung der Achsen: Ich verwechselte x mit y. Mein Mathelehrer, der in einem Halbkreis von Prüfern saß, warf mir hypnotische Blicke zu, als wollte er mich zum Erfolg fernsteuern, oder zumindest an der Blamage vorbei, zu der diese Prüfung letztendlich geriet.

Es ist schon erstaunlich, was Menschen alles aushalten. Zum Beispiel dreizehn Jahre Schule. Dreizehn Jahre, das heißt: zweimal so lang wie der Zweite Weltkrieg, länger als siebzehn Schwangerschaften und nur drei Jahre weniger als die Regierungszeit von Helmut Kohl. Ich hatte es tatsächlich überstanden.

Ich hatte jetzt mein Abitur, die allgemeine Hochschulreife. Ich war in Freiheit. In jener Freiheit, auf die man uns mit Besuchen beim Berufsinformationszentrum vorbereitet hatte. Wer bist du? Was willst du? Die Computer des Berufsinformationszentrums spuckten Antworten aus; sie fragten nach Vorlieben, Interessen und Talenten und führten dann mögliche Berufe auf, die man ergreifen konnte. Freiheit, das war vor allem die Freiheit der Berufswahl.

DIE EHRLICHE BEWERBUNG

Was habe ich in dreizehn Jahren Schule gelernt? Vielleicht das hier: Für faule Schüler ist es Fluch und Segen zugleich, dass Zeugnisse selten ehrlich sind. Da gibt es diese Floskeln, die nur andeutungsweise erahnen lassen, was eigentlich gemeint ist. Wenn ein Schüler beispielsweise das ganze Schuljahr aus dem Fenster guckt, dann steht im Zeugnis nicht »XY hat das ganze Jahr aus dem Fenster geguckt«, sondern eher »Nicht immer schenkte XY dem Unterrichtsgeschehen seine volle Aufmerksamkeit«.

Oder wenn ein Schüler andauernd seine Mitschüler verprügelt, dann steht im Zeugnis nicht »XY verprügelt andauernd seine Mitschüler«, sondern »Nicht immer gelang es XY, sein Engagement und seine Kräfte in die richtigen Bahnen zu lenken«. Wie sähe ein Zeugnis aus, das nicht beschönigt? Ein Zeugnis, das nur die Wahrheit sagt und nichts als die Wahrheit? Im meinem Fall hätte es vielleicht so geklungen:

Felix ist ein schlechter Schüler. Wenn er sich durch etwas hervortut, dann vor allem durch seinen außerordentlich großen und trägen Körper. Manchmal sitzt er stundenlang da und starrt an die Tafel. Wir wissen nicht, was dann in seinem Kopf vorgeht. Aber wir vermuten: nicht viel. Während andere Schüler hin und wieder ihren Schulranzen vergessen, fragt man sich bei Felix, ob er überhaupt einen Schulranzen hat.

So unehrlich Zeugnisse in der Schule sind, so beschönigt sind später auch die Bewerbungsmappen. Ein Partysommer auf Ibiza wird da zum mehrmonatigen Sprachurlaub in Spanien, ein Angelkurs auf Rügen zur Erfahrung im Bereich Hochseefischerei. Warum darf man in Bewerbungen eigentlich nicht ehrlich sein?

Wenn alles scheitert, will ich eine Agentur eröffnen, in der ich Menschen berate, wie sie eine ehrliche Bewerbungsmappe erstellen. Ich habe den Eindruck, die Bewerbungsmappenberatungsbranche boomt im Moment. Da gibt es fast alles. Zum Beispiel Kurse, in denen man lernt, wie man Arbeitgebern die Hand gibt – eher zupackend oder sanft. Oder Seminare, in denen geübt wird, wie man im Bewerbungsgespräch lacht – offen, herzlich, aber auf keinem Fall zu aufdringlich. In meiner Agentur würden Bewerber ehrliche Mappen erstellen. Auf ehrlichen Bewerbungsfotos würden sie in einer Hängematte liegen oder dem Arbeitgeber den Mittelfinger entgegenstrecken.

Stellen wir uns mal vor, ein Absolvent, Max Mümmelmann, würde sich mit meiner Hilfe bei der Unternehmensberatung McKinsey bewerben – ehrlich, ungeschönt und ohne Lügen. Dann würde das so aussehen:

An
McKinsey & Company, Inc.
Straße des Ewigen Lächelns 12
80333 München

Betreff: Bewerbung als Unexperienced Professional (m/w)

Sehr geehrte Damen und Herren,

mit großem Desinteresse, aber dem Wissen über meine ausweglose Situation habe ich Ihre Stellenanzeige in der Wochenzeitung »Die Zeit« zur Kenntnis genommen. Die Möglichkeit, dass ich Sie schon bald im Rahmen von Design-to-Cost- und Design-to-Value-Projekten und bei der Konzeption innovativer Produktideen unterstütze, erschüttert mich zutiefst.

Ich verfüge weder über ein sicheres Auftreten, noch bin ich kontaktfreudig oder mobil. Die Vorstellung, bei McKinsey & Company ebenso selbstständig wie auch als Teil eines jungen und motivierten Teams zu arbeiten, bereitet mir große Sorgen.

Und wenn Sie fragen, ob ich Interesse habe, bei führenden Unternehmen die Entwicklung neuer Produkte im Spannungsfeld von technischen Möglichkeiten und wirtschaftlichem Erfolg mitzugestalten, dann antworte ich: Nichts könnte mich mehr langweilen als das.

Nur ist es so, dass ich Kredite abbezahlen muss, meine Freundin unbedingt mit mir auf die Seychellen will und mein Umfeld Dinge von mir verlangt, die ich kaum erfüllen kann. In Anbetracht dieser Lage, beuge ich mich den Umständen und bitte Sie, mein Leben bei guter Bezahlung in Zukunft damit verbringen zu dürfen, Unternehmen zu zerlegen, Kosten zu minimieren und zwischendurch mit meinen Kollegen in der Kantine über die Seychellen zu reden. Im Anhang sende ich Ihnen einen tabellarischen Lebenslauf.

Mit freundlichen Grüßen,

Max Mümmelmann

Lebenslauf – Max Mümmelmann

1.) Allgemeines

2005	Versuchter Ladendiebstahl (Nudeln und Kaugummis)
2005–2006	Große Langweile
2007	Pflanzen eines Baums
2008–2009	Erneut große Langeweile
2010	Teilnahme am Bundesliga-Gewinnspiel des *Kicker*
2011	Versuchter Urlaub auf den Seychellen
2012–2013	Der Baum geht kaputt

2.) Schwächen / Unfähigkeiten
- Ich bin oft müde
- Ich bin manchmal sehr still
- Ich stehe Menschen skeptisch gegenüber
- Oft verliere ich meine Zahnbürste
- Ich verpasse meistens den Bus
- Ich reise nur sehr ungern

3.) Probleme / Sorgen
- Schulden
- Schmerzen im Knie
- Der Aufzug ist kaputt
- Das Fahrrad ist kaputt
- Man hänselt mich, weil ich Mümmelmann heiße

DER ERSTE TAG

Sommertage sind die schlimmsten Tage. Diese Tage, an denen die Menschen im Park liegen und Federball spielen. Nichts gegen Herumliegen oder Federball spielen. Ich fände es ja gut, wenn wir alle grundsätzlich mehr herumliegen und Federball spielen würden. Mir geht es hier um Menschen, die alles unter einen Hut bekommen und das der ganzen Welt vorführen müssen; die aufstehen, joggen, den Kollegen einen Apfelkuchen backen, nach der Arbeit die Kinder in der Kita abholen und abends dann noch für ein paar Stunden in den Park gehen. Mit Picknickkorb. Das ist erschreckend und schockierend, und man sieht es vor allem im Sommer. Das gibt es im Herbst zwar auch, aber da treiben der Regen und der Sturm die Menschen immer wieder in ihr Reihenhaus, und ich muss ihnen nicht dabei zuschauen, wie sie ihr schönes Leben meistern. Am schönsten ist Hagel, der so stark ist, dass er alle Autos verbeult. Dann gehe ich durch die Straße und atme auf.

Mein erster Tag an der Uni war ein Sommertag. Okay, eigentlich war es ein Apriltag, aber es sah aus wie Sommer. Ein fröhlicher Tag in meiner ersten Studienstadt München, der Hauptstadt der strahlenden Menschen. In München haben die Menschen ihr Leben ganz besonders im Griff. Sie haben ihr Leben so sehr im Griff, dass sie morgens noch Zeit finden, sich edle Tücher um den Hals zu binden und die Lackschuhe zu polieren. Sie steigen dann in ihre Mittelklasseautos und sind so kalifornisch gut drauf, dass es wehtut.

In diesem München irrte ich durch den Englischen Garten und wusste, dass ich irgendwann am Nachmittag irgendwo eine Art Einführungsveranstaltung hatte. Ich hatte mir Uhrzeit und Ort auf den Rand einer Zeitung notiert und die Zeitung dann in der U-Bahn liegen lassen. Ich wusste grob, wo sich das Hauptgebäude befand. Irgendwo hinter dem Englischen Garten. Irgendwo hinter den Bäumen. Ich orientierte mich an Sonne und Wolken.

In erinnerte mich an das Buch »Moon Palace« von Paul Auster, das wir in der Schule lesen mussten. In der Schule hatte ich mir vorgenommen, von allen Büchern, die wir lesen mussten, jedes zehnte tatsächlich zu lesen. Das war meine persönliche Zumutbarkeitsgrenze. Alle drei Monate ein Buch, das war okay. Das war machbar. In »Moon Palace« fährt ein junger Mann sein Leben an die Wand. Sein Studium, seine Liebe, alles. Er verliert seine Wohnung und lebt für einige Zeit im Central Park in New York. Das hatte mich beeindruckt. Und daran dachte ich jetzt, während ich durch den Englischen Garten irrte. Ich folgte einem Weg, der zum Rand des Parks führte. An diesem Tag würde ich durch Zufall jemanden kennenlernen, der Lars hieß, Lars von Trier, und dem Helden aus »Moon Palace« ähnelte.

Mir fuhren Radfahrer entgegen, die große Sonnenbrillen trugen und aussahen, als spielten sie in einem Werbespot für Hautcreme mit. Sie hatten außerordentlich reine Haut, und ihre gut gespülten Haare wehten im Wind. Sie hätten auch in einem Werbespot für Spülmittel, Lebensversicherungen, Babybrei oder Mineralwasser mitspielen können.

Sie strahlten diese Vitalität aus, die ich nicht hatte. Mein Rücken war etwas krumm, ich ging geduckt. Ich hatte mir diese Haltung in der Schule angewöhnt: Eine Art Totenstarre, mit der ich möglichst unerkannt blieb.

Ich trug denselben Rucksack wie zu Schulzeiten. Er hatte Staub angesetzt. Im hintersten Fach gammelte ein Schokocroissant vor sich hin, eine Erinnerung an die schwärzesten Tage meine Schulzeit, und im vorderen Fach lief ein Kugelschreiber aus. An jenem sonnigen Tag sollte also das Scheitern meiner Universitätskarriere mit einem furiosen Auftakt beginnen.

Ich hatte mich für ein Magisterstudium mit drei Fächern entschieden. Neuere Deutsche Literatur, Psychologie und Spanisch.

Auf meiner Schulter saß Herr Häberle, der Sachbearbeiter von Daimler, das Teufelchen aus meiner Phantasie. Neuere Deutsche Literatur, Psychologie und Spanisch?, fragte er.

Er schüttelte den Kopf, wie ihn nur Sachbearbeiter schütteln können. Oder Handwerker, wenn sie einen verstopften Abfluss sehen. Er holte ein Formular aus seinem Aktenkoffer und setzte ein paar Haken. Er hatte mich gerade abgeschrieben.

Als ich das Hauptgebäude der Uni erreichte, schoben sich Regenwolken vor die Sonne. Ich stand vor einem riesigen Eingangstor und zog die Träger meines Rucksacks fest. Warum sollte ich da jetzt reingehen?

Es würde doch keiner merken, wenn ich wieder nach Hause ginge. Oder ich könnte es machen wie der Typ in Moon Palace. Die Uni schmeißen und im Englischen Garten leben.

Ich ging dann doch rein. Ich war sogar zu träge, um richtig träge zu sein. Es war wie in der Schule: Ich machte gerade so viel, dass die Dinge weiterliefen. Denn wenn die Dinge weiterliefen, dann konnte ich mich treiben lassen. Jede radikalere Entscheidung hätte mich vor Konsequenzen gestellt, die mit Anstrengung und Schmerzen verbunden gewesen wären. Also ging ich die Stufen hoch und stand in der Ludwig-Maximilians-Universität. Ein großer Schritt für mich. Aber ein kleiner Schritt für die Menschheit.

Das Foyer war hoch wie ein Kirchenschiff, an den Wänden wachten Steinfiguren. Ich war gerade dabei, den nächsten Schritt in einem bürgerlichen Leben zu tun. Und ich war dabei so kraftvoll wie ein Elefant in Vollnarkose. Mir erschien es nicht wahnsinnig sinnvoll, was ich da tat. Aber was sollte ich stattdessen tun?

Ich entdeckte einen Plan des Gebäudes. In der Mitte war das Audimax eingezeichnet. Da ich nicht wusste, wo meine Einführungsveranstaltung stattfand, streunte ich durch die Gänge und öffnete wahllos Türen. Ich geriet in einen Marx-Lesekreis. Wobei das Wort Kreis eine Übertreibung ist. Da saßen drei Typen, die so vergnügt aussahen, als leiteten sie einen Gottesdienst auf der Schwäbischen Alb. Irgendwo traf ich auf einen überdrehten Versicherungsberater. Er stand inmitten einer Ansammlung von Bistrotischen und Plakatwänden, einer sogenannten Karrierebörse. Keine Ahnung, wer ihn hier reingelassen hatte. Er stellte sich mir in den Weg und fragte mich, ob ich schon einmal über das Thema Altersvorsorge nachgedacht hätte.

»Klar, das Thema ist nicht cool«, sagte er. »Aber wenn du nicht heute an morgen denkst, dann wirst du dein blaues Wunder erleben.« Ich stand wortlos da und starrte ihn an.

»Wissen Sie, wo die Einführungsveranstaltung der Germanistik stattfindet?«, fragte ich ihn.

»Nein, aber ich kann dir sagen, wie du aus einem Euro zwei Euro machst«, sagte er.

»Ich will aber nicht aus einem Euro zwei Euro machen. Ich will die Einführungsveranstaltung der Germanistik finden.« Jetzt starrte er mich an. Sein Repertoire an einstudierten Sätzen war erschöpft.

»Wenn du heute nicht an morgen denkst, dann wirst du dein blaues Wunder erleben«, sagte er. Sein lachendes Gesicht fror ein. Er bewegte sich nicht mehr. Sein Betriebssystem hatte offenbar einen schweren Schaden erlitten.

An einem anderen Tisch stand eine Frau, die mich überreden wollte, an einem Karrieretag ihres Unternehmens teilzunehmen. »Mit Rhetoriktraining«, sagte sie und streckte ihren Zeigefinger aus. »Wie wirke ich? Wer bin ich? Was will ich? Das große Paket. Zum Einführungspreis!« Sie streckte mir einen Flyer entgegen. Ich ließ meine Hände in den Hosentaschen.

»Wissen Sie, wo die Einführungsveranstaltung der Germanistik stattfindet?«, fragte ich sie.

»Germanistik. Tolles Fach. Da vorne rechts. Im großen Hörsaal.«

Der Saal war halb gefüllt, und vorne ging ein bärtiger Mann auf und ab, um dessen Hals ein Mikrofon hing. Er sprach so leise, dass es ihm egal sein musste, ob jemand etwas verstand oder nicht. Und wenn jemand eine Frage stellte, dann antwortete er meistens: »Das kann man so allgemein nicht beantworten.«

Ich blieb ganz hinten stehen und sah mich um. Hier saßen wir also; frisch der Schule entkommen, von einem Auslandsjahr in Australien oder Peru zurückgekehrt, hierher gelangt über Umwege und Abkürzungen, erwartungsfroh und hoffnungslos, gelangweilt und nervös, höhere Töchter, Abbrecher, Streber, kleine Professoren. Ich suchte mir einen Platz ganz außen, nah an der Tür. Ich legte Block und Stift vor mich, weil alle Block und Stift vor sich hatten. Doch immer, wenn ich den Stift zum Schreiben ansetzte, fiel mir nicht ein, was ich notieren sollte, weil ich nichts von dem verstand, wovon der Mann vorne sprach.

Ich malte einen Elefanten, ein Hochhaus, Bäume, Wolken, eine Sonne und einen VW Golf. Mein Nebensitzer lächelte mich an. Er faltete aus einem Flyer der grünen Hochschulgruppe einen majestätischen Schwan und ließ ihn mit sanften Handbewegungen über die Tischplatte tanzen.

Aus einem Papierschnipsel formte ich eine Kugel und schnipste sie dem Schwan entgegen. Mein Nebensitzer ließ das Papiertier einen Satz machen und die Kugel abfangen, wie ein Torwart. Er kickte die Kugel mit seinem Zeigefinger zurück, und so spielten wir konzentriert wie Kinder, die eine Sandburg bauen, zehn Minuten oder eine halbe Stunde, bis alle im Saal begannen, mit geballter Faust auf die Tische zu klopfen und der Mann vorne seine Folien vom Tageslichtprojektor zog und wortlos den Raum verließ. Ich hatte meine erste Veranstaltung an einer Universität hinter mir und keine Ahnung von nichts.

Mein Nebensitzer gab mir die Hand und stellte sich vor, er hieß Lars und kam aus Trier. Ich nannte ihn Lars von Trier, und er lachte, weil ihm das gefiel.

Lars studierte überhaupt nicht Germanistik. Eigentlich studierte er Philosophie. Aber er hatte sich irgendwie in den Semestern verloren, wie er sagte, jetzt war er 28 und im zwölften oder vierzehnten oder fünfzehnten Semester, je nach Zählweise, und besuchte nur noch selten Veranstaltungen der Philosophie, sondern streunte hauptsächlich durch die Uni und setzte sich in Veranstaltungen, die ihm interessant vorkamen oder bei denen er Menschen vermutete, die er gerne kennenlernen wollte. Lars lebte in seiner eigenen Zeitrechnung. Er hatte seit zwei Jahren keine Wohnung mehr. Er ließ sich nachts in der Uni einschließen und schlief dort unter Treppen oder in Hörsälen, und tagsüber, wenn er Hunger bekam, aß er in der Mensa Reste. Was nicht leicht war, wie er mir erklärte, weil man die halb vollen Teller von einem Fließband retten musste, bevor sie in der Küche verschwanden und man dabei nicht erwischt werden durfte.

Lars von Trier schlug vor, dass wir in die Mensa gingen. Er wollte mir zeigen, wie man dort essen konnte, ohne einen Cent zu zahlen. Auf dem Weg in die Mensa sprach Lars von Heidegger und Habermas, er gestikulierte wild und wirkte so versunken, dass ich Angst hatte, er könnte in ein Auto laufen. Wenn ich fragte, wie er das machte ohne Wohnung und wo seine Sachen waren, dann antwortete Lars von Trier immer theoretisch und zitierte irgendwelche Philosophen. Meine Frage danach, wo er denn morgens dusche, parierte er beispielsweise mit einem Diskurs über den Reinlichkeitswahn in unserer Gesellschaft, »der ja wahrlich krankhafte Züge angenommen hat«, wie Lars von Trier sagte.

Lars von Trier roch nicht schlecht. Offenbar duschte er regelmäßig. Aber es langweilte ihn, vom Duschen zu erzählen, weil Duschen Alltag war, und vom Alltag wollte er nicht sprechen. Außer wenn es darum ging, den Alltag auszutricksen. Wenn es zum Beispiel darum ging, wie man kostenlos in der Mensa essen konnte.

Die Mensa sah aus wie eine Gefängniskantine, die Angestellten trugen weiße Mützen und schaufelten Gulasch aus großen Töpfen. Lars zog mich am Ärmel und führte mich zum Fließband. Er zeigte auf einen Teller und stieß mir mit seinem Ellenbogen in die Rippen. »Schnapp ihn dir«, sagte Lars. Ich sah mich um, als ginge es um einen Banküberfall, griff den Teller und nahm ihn vom Fließband. Ich hatte mir eine Portion Bratwürste mit Kartoffelbrei ergaunert. Und mir den Respekt von Lars erkämpft.

Wir saßen an einem Tisch, von dem aus wir alles im Blick hatten. Während wir aßen, sahen wir uns Menschen an und dachten uns Geschichten über sie aus. »Diese Blonde da hinten mit der Sporttasche«, sagte Lars und stach mit der Gabel in die Luft. »Die ist Tochter des Rektors und Deutsche Meisterin im Nullkontakt-Judo. Trainiert jeden Tag sieben Stunden und promoviert nebenher in Arabistik.« Ich musste nachziehen.

»Siehst du den mit der runden Brille und dem Nirvana-Shirt?«, fragte ich. »Er ist der Neffe von Steve Jobs und Erfinder des Strichcodes.«

»Kann nicht sein«, sagte Lars von Trier und schüttelte den Kopf.

»Warum nicht?«, fragte ich.

Lars von Trier sah mich ernst an, beugte sich zu mir und senkte seine Stimme. »Weil *ich* den Strichcode erfunden habe«, sagte er.

Lars von Trier war der Meister der Erfindung. Und als er dort so saß und Kartoffelbrei löffelte, fragte ich mich, ob er seine eigene Geschichte, das fünfzehnte Semester und das Wohnen in der Uni, ob er das alles auch erfunden hatte. Was eigentlich egal war – so oder so war er interessant. Und auf jeden Fall war er das Interessanteste, was mir an meinem ersten Tag an der Uni begegnet war.

DAS GESETZ DER TRÄGHEIT

Ich frage mich manchmal, warum so wenig über Trägheit gesprochen und geschrieben wird. Die einfachste Antwort wäre: weil Trägheit tabuisiert ist. Aber das glaube ich nicht. Viel zu oft werden irgendwo Tabus ausgemacht, nur um dem jeweiligen Thema Relevanz zu verleihen. Nein, ich glaube, es hängt eher damit zusammen, dass diejenigen, die wirklich träge sind, zu träge sind, um über ihre Trägheit zu sprechen und zu schreiben. Das ist das Gesetz der Trägheit. Ich kenne das. Ich finde es zum Beispiel sehr anstrengend, diese Zeilen zu schreiben. Mal sehen, ob ich durchhalte. Wenn Sie das lesen, dann habe ich offenbar durchgehalten. Aber dann müssen Sie wissen, welche Überwindung mich das gekostet hat.

Eigentlich wollte ich schon vor zwei Stunden beginnen, diese Zeilen zu schreiben. Dann habe ich mich aber für einen Mittagsschlaf entschieden und gegen das Schreiben. Weil ich aber nicht müde genug war, konnte ich nicht einschlafen. Kein Wunder, schließlich habe ich heute noch nichts geleistet, außer zu frühstücken und neunzig Minuten lang einen Dozenten anzustarren. Okay, ich habe nicht nur gestarrt. Ich habe dabei noch den Eindruck zu erwecken versucht, dass ich zuhöre. Auch das ist eine Anstrengung.

Weil ich also nicht einschlafen konnte, lag ich in meinem Bett und guckte an die Decke. Das ging zwei Stunden so. Dann wurde mir langweilig. Jetzt ist es Nachmittag, ich sitze an meinem Esstisch und schreibe. Draußen ist es heiß, alle fahren zum See. Eigentlich wäre ich auch gerne am See. Aber das ist alles zu aufwändig: Ich müsste meine Badehose suchen und ein Handtuch, ich müsste einen Rucksack packen, ich müsste mir den Weg zum See im Internet raussuchen, ich müsste dann vor die Haustür und in einen Bus steigen. Die Hürde ist schlicht zu hoch. Ich lass das sein. Ich gebe auf, bevor ich angefangen habe. Der See wird diesen Sommer ohne mich auskommen müssen. Ja, träge Menschen sind manchmal kompliziert.

Aber träge Menschen sind auch tolerant, das ist das Gute. Ich toleriere Faulheit. Ich toleriere, wenn Sie dieses Buch genau jetzt in diesem Moment weglegen und nie wieder aufschlagen. Weil Lesen anstrengend ist. Das würde ich verstehen. Sie müssten mir dann aber versprechen, dass Sie stattdessen nicht heimlich arbeiten oder sich anderweitig anstrengen oder gar ein anderes Buch lesen, das fände ich beleidigend. Wenn Sie dieses Buch jetzt weglegen, weil Sie zu faul sind, dann müssen Sie mir versprechen, sofort einen Mittagsschlaf zu machen, egal, wie viel Uhr es im Moment ist, und egal, wo Sie sind. Einverstanden? Außer, Sie steuern gerade ein Flugzeug. Obwohl dann natürlich die Frage wäre, warum Sie gerade dieses Buch lesen, wenn Sie eigentlich ein Flugzeug steuern sollten. Egal. Wenn Sie gerade ein Flugzeug steuern, dann bringen Sie das Ding erst mal sicher zu Boden und machen dann einen Mittagsschlaf. Am besten, sobald das Flugzeug geparkt ist. Gehen Sie keine Kompromisse ein. Verriegeln Sie das Cockpit, und beginnen Sie unverzüglich zu schlafen.

Oft ist ein Mittagsschlaf die letzte Hoffnung. Ich weiß

nicht, wann mein Interesse für den Mittagsschlaf begann. Vielleicht in der Grundschule. Es muss auf jeden Fall eine meiner ersten Interessen gewesen sein. Man muss da aber fein unterscheiden. Mittagsschlaf ist nicht gleich Mittagsschlaf, das sage ich als Experte. Und Experten haben recht. Es gibt zum Beispiel diese Unsitte der Topentscheider und Supermenschen, der Präsidenten, Manager und Abteilungsleiter, die Unsitte des »Powernappings«. Mir wird übel, wenn ich dieses Wort höre. »Powernapping« hat mit Mittagsschlaf nichts zu tun. Ich will sogar so weit gehen zu sagen: »Powernapping« ist eine Beleidigung des Mittagsschlafs, eine bewusste Provokation gegenüber den Langschläfern in diesem Land. Diese Provokation geht aber ins Leere, weil alle, die sich provoziert fühlen könnten, gerade tief schlafen.

Das »Powernapping« bezeichnet einen kurzen Schlaf von weniger als einer halben Stunde und hat zum Ziel, dass sich Menschen so kurz wie möglich erholen, um dann genauso besinnungslos weiterzuarbeiten wie davor. Im Deutschen nennt man das dann verniedlichend »ein Nickerchen machen«. Aber wer die Kultur des Mittagsschlafs ernst nimmt, der macht kein »Nickercken«. Der lässt die Rollläden runter, zieht das Telefonkabel aus der Wand, klebt den Klingelknopf ab, schaltet sein Handy aus und schläft. Zwei Stunden. Drei Stunden. Fünf Stunden. So mache ich das.

Man kann übrigens ganz einfach überprüfen, ob man einen echten Mittagsschlaf gemacht hat oder nur ein Nickerchen. Es gibt da eine Faustregel: Wer nach dem Schlafen aufsteht und schwarze Punkte sieht, wenn er den ersten Fuß aus dem Bett streckt, und ein Prickeln in Armen und Beinen spürt und ein lautes Pochen im Kopf hört, das es unmöglich macht, irgendetwas zu tun, außer sich sofort wieder hinzulegen, der hat einen Mittagsschlaf gemacht. Alles andere ist ein Nickerchen. Oder ein »Powernap«. Ein echter Mittagsschlaf legt Menschen lahm und nimmt ihnen, falls vorhanden, den Leistungswillen.

Einer der schlimmsten Momente in einer von schlimmen Momenten reichen Zeit war, als ich das erste Mal Mittagsschule hatte, das war wohl im Gymnasium. Denn das Problem ist: Die Mittagsschule steht mit dem Mittagsschlaf in einem Konkurrenz- und Konfliktverhältnis, das liegt in ihrer Natur, das hört man schon am Namen. Obwohl die Mittagsschule mich in Wahrheit nicht davon abhielt, Mittagsschlaf zu machen. Mein Mittagsschlaf fing dann halt später an und hörte später auf. Er ging dann von fünf Uhr abends bis zur Tagesschau um acht. Dann stand ich kurz für das Abendessen auf und legte mich wieder hin. Ein Traum. Aber den Mittagsschlaf in Reinform, den echten, hielt ich an Tagen ohne Mittagsschule ab. Das lief dann folgendermaßen: Ich setzte mich nach der sechsten Stunde in den Schulbus, schaute aus dem Fenster und schlief ein. Das ging sehr schnell, innerhalb von Minuten, weil ich erstens sehr müde war und es zweitens grundsätzlich sehr langweilig ist, auf graue schwäbische Dörfer zu starren. Als der Bus in meinem Dorf ankam, schleppte ich mich nach Hause, meine Augen öffnete ich dabei nur so weit, wie es die Verkehrssicherheit nötig machte. Ich hievte meinen Körper an den Esstisch und schaufelte wortlos das Mittagessen in mich hinein.

Meine Augen öffnete ich nur so weit, dass ich mit der Gabel den Mund traf, das ist in einem solchen Zustand ja gar nicht so leicht. Dann legte ich mich vor den Fernseher; ich konnte zwischen drei Programmen wählen. Bis zum Einschlafen guckte ich Tennis, Volksmusiksendungen oder Berichte über die schönsten Bahnstrecken Baden-Württembergs. Ich stellte den Fernseher auf lautlos und legte mich aufs Sofa. Auf dem Bildschirm verschwammen Bilder von Schlagersängern, Eisenbahnen, Sandplätzen, von Joghurt-Werbung, von Nachrichtensprechern, Talkshows, Quizshows, von Seifenopern, Tennisspielerinnen und von lachenden Menschen in Trachten.

Irgendwann am Nachmittag weckte mich dann meine Mutter. Ich nahm das zum Anlass, meinen Standort zu wechseln. Obwohl das Wort Standort in diesem Zusammenhang irreführend ist. Ich wechselte meinen Liegeort, vom Sofa ins Bett. Das Schlafzimmer hatte deutliche Liegeortvorteile. Eine Decke, die ich über den Kopf ziehen konnte. Eine weiche Matratze. Und Gardinen, die das Zimmer vollkommen verdunkelten. Wenn das überhaupt nötig war. An Wintertagen dämmerte es zu diesem Zeitpunkt schon. Irgendwann am Abend wachte ich auf. Ich schleppte mich wieder vor den Fernseher und guckte bis zum Abendessen »Verbotene Liebe« und »Marienhof«, oft schlief ich dabei wieder ein.

Dass die Allgemeine Hochschulreife schon deshalb erstrebenswert war, weil sie mich eines Tages berechtigen würde zu studieren und man im Studium sehr ausgedehnt Mittagsschlaf machen kann, das begriff ich damals nicht. Das wäre vielleicht ein Antrieb gewesen. Vielleicht auch nicht. Nach meinem Abitur, in meinen ersten Tagen an der Uni, perfektionierte ich jedenfalls die Kunst des Mittagsschlafs. Ich lag in einer Einzimmerwohnung in München und schlief und schlief und schlief, stundenlang, tagelang. Niemand störte mich. Niemand wollte was von mir. Niemandem fiel es auf, wenn ich in der Uni fehlte.

Abends sah ich aus dem Fenster und sah den Menschen

beim Leben zu. Sie kamen von der Arbeit nach Hause und parkten das Auto in der Garage. Sie grillten im Park und spielten Fußball. Sie zogen mit Freunden durch die Straßen und tranken. Ich guckte aus dem Fenster und fragte mich, warum ich eigentlich studierte und wohin mein Leben steuerte. Ich ging raus auf die Straße, es war Nacht, ich wanderte durch die Stadt und dachte, dass das Leben nichts weiter ist als eine Aneinanderreihung von Anstrengungen. Man geht in die Schule, lernt und lernt und lernt. Man macht eine Ausbildung, ein Studium, Praktika. Man arbeitet, man buckelt, man arbeitet, man fährt in den Urlaub, um dann wieder zu arbeiten. Nie kommt man an. Wozu eigentlich einen Fuß vor den anderen setzen?

Was soll das?

Ist das schon alles?

Wenn das tatsächlich alles war, dann musste ich Widerstand leisten. Ich entschied mich für passiven Widerstand. Er bestand darin, tagelang in meiner Wohnung herumzuliegen.

Dennoch saß ich vor allem zu Beginn meines ersten Studiums tagsüber hin und wieder in einem Seminarraum der Ludwig-Maximilians-Universität. Heute gab es ein Highlight, die erste Sitzung meiner zweiten von zwei Veranstaltungen pro Woche hatte begonnen: Neuere Deutsche Literatur. Vorne saß ein Dozent mit Kinnbart, überschlagenen Beinen und aufgeknöpftem Hemd. Wir waren fünfzehn Studenten, alle im ersten Semester, und wir sollten uns vorstellen und erzählen, woher wir kamen, was wir vorhatten und warum wir uns entschieden hatten, Germanistik zu studieren. Es begann eine Studentin vom Chiemsee, die sagte, München sei ja eine tolle Stadt. Ein bisschen groß, aber toll.

Es folgte ein Student aus Franken, der nach eigener Auskunft die deutsche Sprache liebte und schon immer Germanistik studieren wollte. Als er »Sprache« sagte, da rollte er das »r« so sehr, dass man Angst um seine Zunge haben musste. Nach jeder Vorstellung nickte der Dozent mit Kinnbart. Ich guckte aus dem Fenster in einen Baum, der sich im Wind bewegte, als ich an der Reihe war.

»Bitteschön«, sagte der Dozent. »Wie heißen Sie, und warum sind Sie hier?«

Ich guckte ihn an wie ein Reh das Scheinwerferlicht eines Autos, meine Hände waren feucht, ich schwitzte an der Stirn, alle sahen mich an, der Franke, die Frau vom Chiemsee, der Dozent mit Kinnbart. Stille. Ich meinte, den Baum draußen im Wind hören zu können, so still war es. Warum war ich hier? Keine Ahnung. Sollte ich jetzt die Wahrheit sagen?

»Ich weiß es nicht«, sagte ich.

»Sie wissen es nicht?«, fragte er.

»Ich weiß es nicht«, sagte ich.

Er lächelte gütig, als könne er das verstehen, und nickte. »Herzlich willkommen!«

Eines Abends geriet ich auf eine WG-Party, die ich besser niemals besucht hätte. Junge Männer mit Ringelpulli, Studentinnen mit Apfelschorle, ein Volkswirtschaftler mit randloser Brille und eine hysterische Schauspielschülerin, die an diesem Abend die Rolle ihre Lebens gefunden hatte, nämlich die Rolle als hysterische Schauspielschülerin, saßen auf einem Balkon in Schwabing und sprachen über Perspektiven, Praktika und Lebensläufe. Der Höhepunkt des Abends war erreicht, als auf dem Grill ein Steak in Brand geriet. Der Tiefpunkt, als man darüber diskutierte, wie groß eine Lücke im Lebenslauf sein könne, bevor sie problematisch wird. Man war sich einig: höchstens zwei Monate.

Es stellte sich heraus, dass die hysterische Schauspielschülerin Tochter eines Hamburger Reeders war. Sie bot der Runde an, man könne bei ihrem Vater gerne ein Praktikum machen, bei Interesse, das würde sie organisieren. Ein Anruf würde sie das kosten, nicht mehr.

»Hamburg ist wunderschön«, sagte sie.

»München aber auch«, sagte einer der Männer im Ringelpulli.

»München hat aber keinen Hafen«, sagte ein anderer Mann im Ringelpulli.

»Genau«, sagte die hysterische Schauspielschülerin und streckte einen schlauen Zeigefinger in die Luft. Dann ebbte das Gespräch ab, und man schwieg sich an. Aber die entscheidenden Fragen waren ja geklärt:

1. Lücken im Lebenslauf dürfen zwei Monate nicht übersteigen.
2. Wer ein Praktikum bei einem Reeder in Hamburg machen will, muss die hysterische Schauspielschülerin fragen, die kann das regeln.
3. Hamburg ist wunderschön.
4. München ist wunderschön.
5. München hat aber keinen Hafen.

Die hysterische Schauspielschülerin ergriff die Initiative und begann von ihrem Auslandsjahr in Peru zu erzählen, sie hatte dort in einem Kinderheim gearbeitet. Das habe ihr richtig gutgetan. »Man lernt auch das eigene Land noch mal ganz neu kennen«, sagte sie.

In ihrem überdimensionierten Geldbeutel trug sie Fotos aus Peru mit sich herum, die sie jetzt auf dem Balkontisch ausbreitete. Auf einem Bild erdrückte sie grinsend einen kleinen Jungen, der sein Gesicht verzog. »Paco«, sagte sie. »Der ist soo süß!«

Auf einem anderen Bild war ihr Vater zu sehen, ein Mann mit weißem Hemd und Leinenhose, der eine silberne Tafel enthüllte. Er hatte dem peruanischen Kinderheim eine Tischtennisplatte spendiert, inklusive vier Schläger und fünfzehn Bälle. Auf der Tischtennisplatte war sein Name eingraviert. »Die Menschen dort unten sind so unglaublich dankbar«, sagte die hysterische Schauspielerin und fasste sich theatralisch mit der flachen Hand ans Herz. »Ganz anders als hier.«

»Warum?«, fragte ich. Es war mein erstes Wort seit einer Stunde, nur ein Wort und ein Fragezeichen. Aber das musste vorerst genügen. Die hysterische Schauspielschülerin begann von ihrem Vater zu erzählen, der in Hamburg Arbeitsplätze schaffe und Steuern zahle, Hunderttausende Euro. »Und trotzdem feinden die Menschen ihn an«, sagte sie. »Ist das gerecht?«

»Dein Vater ist ein politisch Verfolgter«, sagte ich.

»Ja«, sagte sie und nickte, weit entfernt davon, jede Ironie zu verstehen.

»Dieses Land geht eben sehr schlecht mit seinen Leistungsträgern um«, sagte der Volkswirtschaftler mit randloser Brille. Er hatte sehr lange nichts mehr gesagt. Offenbar sammelte er seit Stunden seine Kräfte, um diesen einen, an Dummheit kaum zu übertreffenden Satz zu sagen.

Ich nickte. »Absolut. Das spüre ich jeden Tag.« Ich nahm meinen Rucksack und verabschiedete mich unter einem Vorwand. Ich wollte gehen, bevor der Drang zu groß wurde, mich sofort vom Balkon zu stürzen.

Ich lief durch die Straßen Münchens Richtung Olympiapark und erinnerte mich an die Vorstellungen, die ich vom

Studium hatte, als ich noch Schüler war. Einmal, ich war in der zehnten oder elften Klasse, besuchte ich meinen Bruder und seine Freundin, beide studierten in München. Wir saßen damals auf dem Balkon ihres Studentenwohnheims, tranken Augustiner und guckten in die Bäume. Das ist also das Studium, dachte ich. Freiheit, entspanntes Lernen, Ausschlafen, das Gegenteil von Schule. Meine Vorstellungen waren romantisch. Ich dachte damals, dass man sich tagelang in der Bibliothek in Büchern vergräbt, um Antworten auf seine Fragen zu finden. Ich dachte, dass man in Seminaren diskutiert, bis die Welt gerettet ist. Und dass Dozenten grundsätzlich wild gestikulierend durch die Reihen schreiten, bis alle mitgerissen sind. Und jetzt?

Jetzt sah ich Schauspielschülerinnen und Ringelpullis dabei zu, wie sie sich über Lücken im Lebenslauf unterhielten. Aber ich war ja selbst schuld: Meine eigene Phantasielosigkeit hatte mich hierhin geführt. In der Schule hatte man uns erzählt, dass wir alle Möglichkeiten hätten, dass uns die Welt offenstünde. Was nur die halbe Wahrheit ist, weil es nur auf diejenigen zutrifft, die sich leisten können, diese Möglichkeiten zu nutzen. Aber selbst für die ist das nur theoretisch richtig. Theoretisch stand uns die Welt offen. Theoretisch hatten wir alle Möglichkeiten. Praktisch waren die Möglichkeiten aber sehr beschränkt. Man hatte uns ein Raster antrainiert, mit dem wir Optionen auf ihre Verwertbarkeit und ihre Sinnhaftigkeit prüften. Durch dieses Raster fielen sofort Hunderte Möglichkeiten, und weitere tausend Optionen kamen uns gar nicht in den Kopf. Entscheidend war die Darstellbarkeit im Lebenslauf: Man tat ausgefallene Dinge, wenn sie als ausgefallene Dinge sinnvoll im Lebenslauf darstellbar waren. Wir sahen unser Leben mit den Augen unserer möglichen Arbeitgeber.

Im Sommer 2006, ich hatte gerade mein Abitur, spielte die deutsche Nationalmannschaft bei der Weltmeisterschaft in Deutschland den schönsten Fußball seit Jahrzehnten: offensiv, schnell und angstfrei. Der Sommer war heiß, die Menschen sprangen in Seen und Flüsse. Ich saß mit Freunden im Garten: Wir kühlten uns ab, mit Bier und Wasser aus dem Gartenschlauch. Nichts konnte unser Gefühl trüben, dass die beste Zeit unseres Lebens vor uns lag, außer vielleicht die Ungewissheit, was kommt – und außer dem ständigen Hinweis darauf, dass wir alle Möglichkeiten hatten dieser Welt.

Wir sprachen jetzt öfter davon, was wir auf Facebook entdeckten: Hast du gesehen – Tom macht ein Praktikum bei Shell? Guck dir mal die Bilder von Annas Urlaub an, sie hat einen neuen Freund. Jörg scheint es sich in Frankreich richtig gut gehen zu lassen, er postet ständig Bilder aus der Provence. Wir begannen, unser Leben zu präsentieren. Wir verglichen uns, machten uns bewertbar. Die Logik vom Leben für den Lebenslauf wurde radikalisiert. Wir begannen alles zu vergleichen: Wer macht den besseren Urlaub? Wer feiert die besseren Partys? Wer hat die besseren Freunde?

Ich hatte das Gefühl, dass im Fernsehen nur noch Castingshows kamen: »Germany's Next Topmodel«, »Deutschland sucht den Superstar«, »Popstars«. Sie sortierten junge Menschen danach, wie gut sie singen können, wie schön sie sind, welche Kunststücke sie auf der Bühne aufführen. Es war die konsequente Fortsetzung jener Logik, die ich in dreizehn Jahren Schule erlebt hatte: Alle Qualitäten sind vergleichbar, einzuordnen in einem Raster aus besser und schlechter. Erfolg hat man, wenn man sich optimal in dieses Raster einpasst – egal, ob man dem Juror einer Fernsehshow gegenübersitzt oder einem Arbeitgeber im Bewerbungsgespräch.

Ich hatte immer mehr den Eindruck, dass das Leben keine Prüfung ist – sondern eine Abfolge von Prüfungen. Ein Weg mit Hunderten Gabelungen, an denen sich der Fortgang unseres Lebens entscheidet, an denen man uns sortiert in besser und schlechter. Wenn die eine Prüfung bestanden ist, dann kommt die nächste. Wenn wir, nach Hunderten Prüfungen, Zeugnissen und Klausuren, die Schule beendet haben, dann müssen wir eine Ausbildung oder ein Studium finden, später einen Einstieg in die Berufswelt. Wir überzeugen einen Arbeitgeber, dass wir es wert sind, Geld für uns auszugeben. Dann üben wir einen Beruf aus, neue Prüfungen kommen, neue Aufstiegsmöglichkeiten.

Im Herbst 2008 sah ich in den Nachrichten, wie Banker in den USA ihre Schreibtische räumten, wie man kistenweise Unterlagen aus den Türmen von »Lehman Brothers« räumte. Ich sah, wie die Finanzkrise die USA erschütterte, dann Deutschland und die ganze Welt.

In Deutschland begann man, über Josef Ackermann und die Gier der Banker zu schimpfen. Aber hatten die Banker überhaupt etwas falsch gemacht? Oder hatten sie nur perfektioniert, besser und schneller zu sein als alle anderen? Hatten sie nicht einfach verstanden, möglichst viel in möglichst kurzer Zeit anzuhäufen? Das wollte man uns doch beibringen auf diesen Jobbörsen, in den Karrieremagazinen und im Berufsinformationszentrum.

Einmal schlug ich im Lexikon den Begriff »Karriere« nach, ich wollte wissen, woher das Wort kommt. Ich erfuhr, dass der Begriff »Karriere«, vom französischen »carrière«, ursprünglich aus dem Reitsport stammt. Er bezeichnet eine Galoppart von Kutsch- und Rennpferden.

Und genau das waren wir: Kutsch- und Rennpferde. Wir trugen Lasten und galoppierten um die Wette.

HEINRICH HEINE WAR EIN SCHLECHTER PRAKTIKANT.

In den ersten Wochen meines Studiums bildete sich ein Muster meines wissenschaftlichen Arbeitens heraus: Alles beginnt mit Google. Und alles endet mit Google. In der zweiten Sitzung des Germanistikseminars sollten wir Quellen zu Heinrich Heines »Wintermärchen« suchen. Natürlich scheiterte ich: Meine Recherche begann an meinem Laptop und endete auf dem Dach der Technischen Universität.

Ich setzte mich in der Bibliothek an meinen Laptop und tippte zwei Wörter ein: Heinrich Heine. Ich fand die Homepage eines Anbieters für exklusive Damenmode: »Für die moderne Frau bietet Heine ein außergewöhnliches Einkaufserlebnis und bringt Besonderes in jeden Tag.« Ich erfuhr, dass es in Berlin ein Hotel mit dem Namen Heinrich Heine gibt. Eine Übernachtung kostet 72 Euro. Bei der Bildersuche erschien das feine Gesicht eines Jünglings, der offenbar nie gelacht hat. Aber so ist das: Schlaue Menschen gucken oft ernst. In seinem Wikipedia-Eintrag erfuhr ich, dass Heine als der »letzte Dichter der Romantik« gelte und »zugleich als deren Überwinder«. Das muss man erst mal schaffen: so nebenbei eine Epoche beenden. Respekt. Ich las, dass Heine in jungen Jahren Praktikant bei einer Bank gewesen sei, aber da er offenbar ein schlechter Praktikant war, richtete ihm sein Onkel ein Tuchgeschäft ein, die »Harry Heine & Comp.«. Heinrich Heine fuhr den Laden innerhalb kürzester Zeit an die Wand, weil er lieber dichtete, als Tücher zu verkaufen.

Man kann seine Biografie also in folgendem Satz zusammenfassen: Heinrich Heine begann als Leistungsverweigerer und endete als der letzte Dichter der Romantik. Da hat er doch mal rechtzeitig die Kurve bekommen. Wäre Heinrich Heine Teil der Generation Praktikum, dann würde er nach seinem missglückten Praktikum bei der Bank ein missratenes Praktikum bei einer Werbeagentur machen, dann ein unglückliches Praktikum bei RTL, dann ein langweiliges Praktikum im Düsseldorfer Landtag, dann ein ereignisloses Praktikum in der PR-Abteilung der Lufthansa, und zum Schluss würde er in einem Berliner Café am Rosenthaler Platz sitzen und davon erzählen, dass er da ein großes Projekt plane. Habe was mit Poesie zu tun. Er dürfe da noch nichts erzählen. Nur so viel: Es werde ein ganz großes Ding.

Ich klappte meinen Laptop zu, ging durch die Bibliothek und atmete ein. Im Erdgeschoß roch es nach Staub, Schweiß, frisch gemähtem Gras, Kaffee. Ein Windstoß wehte durch die Regalreihen. Ich nahm Bücher aus den Regalen und blätterte sie durch, als seien sie ein Daumenkino. Der Geruch, der mir entgegenkam, war mir vertraut. Die Bücher rochen nach Grundschule, nach Gymnasium. Sie rochen nach Karten von 1871, nach Tafelkreide und nach meinem Geschichtslehrer aus der achten Klasse.

Ich gab den Namen »Heinrich Heine« im Onlinekatalog der Bibliothek ein, dann das Wort »Wintermärchen«. Ich notierte Codes, die mich zu den gesuchten Büchern führen sollten. Ich musste in den zweiten Stock, und als ich in der richtigen Regalreihe angekommen war und in meine

Hosentasche griff, bemerkte ich, dass ich den Zettel unten liegen gelassen hatte. Ich ging zurück – aber der Zettel lag nicht mehr auf seinem Platz. Das musste ein Zeichen sein: Ich sollte jetzt meinen Rucksack nehmen und gehen. Ich hatte alles getan, was ich tun konnte. In meinem Alter versagte Heinrich Heine gerade als Praktikant bei einer Bank, da musste ich doch jetzt nicht den Ehrgeiz haben, gleich in der zweiten Woche meines Studiums auf Anhieb das richtige Buch zu finden, das wäre doch übertrieben. Ich setzte meinen Rucksack auf, nickte den Regalreihen zu, als könnten sie mich sehen, und ging hinaus ins Sonnenlicht. Ich wusste nicht, was ich tun sollte, also rief ich Lars von Trier an. Als ich ihm erzählte, dass ich gerade in der Bibliothek gewesen war, um Quellen zu Heines »Wintermärchen« zu finden, da begann Lars von Trier ungefragt zu dozieren: über Deutschland, den Nationalstaat, über Frankreich und Heines »oft missverstandenen Patriotismus«. Wir verabredeten uns auf ein Bier im Englischen Garten.

Lars von Trier lag neben seinem Fahrrad im Gras und hatte Kleider an, die er sich von Reiner Langhans geliehen haben musste: ein weißes Leinenhemd mit V-Ausschnitt, einen zu bunten Schal und eine ausgewaschene Jeans mit Grasflecken. Er zog zwei Bier aus seiner Tasche. »Setz dich!«, sagte er. Er begann, Heinrich Heine zu rezitieren. »Wir wollen auf Erden glücklich sein, und wollen nicht mehr darben; verschlemmen soll nicht der faule Bauch, was fleißige Hände erwarben.« Er prostete mir zu und trank sein Bier aus, ohne einmal abzusetzen. Weit und breit sah ich keine fleißigen Hände. »Ach ja, Heine. Das waren noch Zeiten«, sagte er.

Ich verstand nicht, was er meinte. »Was waren denn das für Zeiten?«, fragte ich.

Lars von Trier wurde schlagartig esoterisch. »Damals

gab's noch echte Studenten, echte Universitäten. Es gab noch wirkliche Denker, große Köpfe.«

Ich nickte zögerlich und öffnete mein Bier. »Wo hast du geschlafen heute Nacht?«, fragte ich.

»Im großen Schlafsaal«, sagte er.

Ich hob verständnislos die Augenbrauen. »Im großen Schlafsaal?«

»Das Audimax. Um Mitternacht kam der Hausmeister.«

»Und?«, fragte ich.

»Nichts passiert. Er kennt mich.« Ich schwieg. Seine Geschichten waren zu gut, um wahr zu sein.

Wir lagen ein paar Stunden im Gras, wir guckten uns Menschen an und erfanden Geschichten, wir holten neues Bier und entwickelten auf dem Weg zum Supermarkt ein Spiel, das uns bis in den Abend beschäftigte. Immer abwechselnd guckten wir auf die Uhr und lasen die Uhrzeit als Jahreszahl vor. 16:41 Uhr entsprach zum Beispiel dem Jahr 1641. Um 16:41 Uhr musste ich von einem Ereignis berichten, das im Jahr 1641 stattgefunden hat. Lars von Trier musste dann raten, ob die Geschichte stimmt. Um kurz nach sechs erzählte mir Lars von einem Tauchurlaub Napoleons auf Korsika, bei dem der kleine Franzose eine neue Oktopus-Art entdeckt habe, die noch heute nach ihm benannt sei: der »Napoleonische Langarm-Oktopus«.

»Stimmt auf jeden Fall«, sagte ich.

»Richtig«, sagte Lars.

Um Viertel nach sieben erzählte Lars davon, dass Adolf Hitler im Ersten Weltkrieg der schlechteste Soldat aller Zeiten gewesen sei. Um Viertel vor acht war Kriegsende, wir waren inzwischen besoffen. Und um acht erinnerten wir uns daran, dass uns für das Jahr 2000 ein Weltuntergang versprochen worden war, auf den wir bis heute vergeblich warteten. Lars von Trier war der beste Kommilitone, den ich mir vorstellen konnte: ziemlich faul, ein bisschen irre und sehr unterhaltsam. Oder eher: ziemlich faul, ziemlich irre und ziemlich unterhaltsam.

»Komm mit«, sagte Lars. »Ich zeig dir was.« Er richtete sich auf, stand raketengerade und barfuß im Gras und marschierte los, als sei er ein Pfadfinder.

Eine halbe Stunde später saßen wir auf dem Dach der Technischen Universität und schauten auf die funkelnde Stadt. Lars machte ein bedeutungsvolles Gesicht, streckte seinen Arm aus und zeigte auf die Stadt, wie ein Fürst, der seinem Sohn die Welt erklären will. »Ich studiere jetzt seit zwölf Semestern«, sagte er.

»Ich dachte, seit vierzehn«, sagte ich.

Lars begann noch mal neu. Er streckte seinen Arm aus, zeigte auf die Stadt und sagte: »Ich studiere jetzt seit vierzehn Semestern.«

Er ließ den ausgestreckten Arm in der Luft stehen und verstummte. Ich sah ihn fragend an. »Und?«

»Und ich werde dir jetzt erzählen, wie das alles funktioniert.«

Ich war nicht sicher, worauf sich das Wort »alles« bezog. Wollte er mir die Uni erklären? Die Stadt? Den Kontinent? Das Universum? Keine dieser Dimensionen wäre Lars von Trier zu groß gewesen.

»Da gibt es die Polo-Armee«, sagte Lars. »Die Polo-Armee besteht aus jungen Frauen und Männern aus dem Umland. Die Polo-Armee fährt nicht nur VW Polo, sondern auch Golf, Mini und in Extremfällen Twingo, aber das lässt zum Glück nach.«

»Die Polo-Armee«, sagte ich und nickte zögerlich.

»Die Polo-Armee«, sagte Lars und streckte einen Daumen raus. »Die Polo-Armee studiert Solides: Maschinenbau, BWL, Medizin, Tiermedizin, höchstens noch Psychologie. Sie steht morgens im Stau der Pendler und würde vor der Bibliothek am liebsten einen Parkplatz mieten, wenn das ginge.«

»Okay«, sagte ich. »Ist die Polo-Armee denn gefährlich?«

Lars legte den Kopf schief. »Ja, das kann man sagen. Die Polo-Armee ist entschlossen und gewaltbereit. Sie erwacht im Umland, wenn andere Studenten gerade ins Bett gehen. Sie frühstückt deftig unter dem Kruzifix, während die Eltern im Stall die Kühe melken. Sie rückt an, wenn die Sonne noch nicht aufgegangen ist. Scheinbar gleichzeitig rollt sie in Kleinwägen auf die Parkplätze der Bibliothek.«

Lars flüsterte jetzt beinah. Er machte das Gesicht eines finsteren Märchenerzählers. So, als habe er Angst, dass uns jemand zuhörte.

»Die Polo-Armee trägt festes Schuhwerk. Immer. Überall. Ob Holzhacken, auf dem Traktor oder im Hörsaal: Man trägt Wanderstiefel.«

Ich war verwirrt. In meiner Vorstellung war der Polo für junge Frauen mit dünner Stimme reserviert, die sich hauptsächlich von Apfelschnitzen ernährten. Lars ließ meinen Einwand zählen. Die gebe es auch, sagte er. Zu denen komme er noch. »Weißt du, was die Polo-Armee so besonders macht?«, fragte Lars und fuhr fort, ohne nur fünf Sekunden auf eine Antwort zu warten. »Die Polo-Armee ist beinah übergangslos von der Agrar- in die Wissensgesellschaft gesprungen.«

»Und das mit Wanderstiefeln!«, sagte ich.

»Ist das nicht sensationell?«, fragte Lars.

Er streckte seinen Zeigefinger aus, zweitens. »Dann gibt es die Gruppe der Profis, sie trägt den Titel Profi als Namenszusatz. Wenn jemand beispielsweise Benjamin heißt und zu den Profis gehört, dann heißt er Profi-Beni.«

»Verstanden«, sagte ich. »Was machen die Profis denn?«

»Die Profis wissen in erster Linie Bescheid. Sie tragen smarte Frisuren und Brillen mit schwarzen Rändern. Wenn ein Profi bei der Einführungsveranstaltung gefragt wird, warum er sich denn ausgerechnet für dieses Fach entschieden habe, dann tragen Profis freundlich lächelnd und ohne zu zögern ihren Karriereplan für die nächsten sieben einhalb Jahre vor. Das klingt dann so: ›Hallo, mein Name ist XY. Ich habe mich für Politikwissenschaft entschieden, weil ich mich sehr für die Europäische Union interessiere.‹«

Lars reckte einen Zeigefinger in die Luft. »Und genau an dieser Stelle muss man hellhörig werden: Wer zum Teufel interessiert sich schon freiwillig für die Europäische Union?«

»Die Profis«, sagte ich.

Lars nickte. »Aber auch nur die Profis. Wenn du einen Profi erkennen willst, dann hilft übrigens der FDP-Test. Du musst dir die jeweilige Person kurz auf einem Wahlplakat der FDP vorstellen. Wenn das passt, dann hast du einen Profi vor dir. Wichtig sind auch die Zähne. Profis haben die weißesten Zähne der Welt.«

Lars kam jetzt in Stimmung. »Und weißt du, was die Profis noch auszeichnet? Sie wollen die Dinge einfach halten. Keep it easy. Sie mögen es beispielsweise überhaupt nicht, Professoren Umstände zu bereiten. Wenn ihnen verschiedene Termine für eine Sprechstunde angeboten werden, dann antworten sie innerhalb von Sekunden per Mail mit diesem Satz: ›Gerne komme ich dann, wenn es für Sie am angenehmsten ist.‹«

»Arschkriecher also?«, fragte ich.

»Nein, nein. Das kann man nicht sagen. Profis sind einfach geschmeidig und freundlich. Sie sind immer in der gleichen Stimmung und sehen aus, als würden sie nicht altern.«

»Gibt es in der Polo-Armee Profis?«, fragte ich.

Lars schüttelte energisch den Kopf. »Unter keinen Umständen. Aber es gibt Bündnisse zwischen Polo-Armisten und Profis, sie arbeiten zeitweise zusammen. Wie CSU und FDP.«

Ich fragte weiter. »Interessieren sich Profis für Politik?«

Lars lächelte. »Sie interessieren sich für Politik – sind aber radikal unpolitisch. Sie meinen, dass es kein rechts und links mehr gibt. Nur noch gute und schlechte Lösungen. Sie sind beispielsweise in der Lage, sowohl bei einem linken als auch bei einem rechten Abgeordneten ein Praktikum zu machen. Oder sie bewerben sich gleichzeitig bei McDonald's und Greenpeace. Für Profis sind Positionen etwas, in das man sich einarbeiten kann. Profis sind flexibel.«

»Okay«, sagte ich. »Wie heißt die dritte Gruppe?«

»Die dritte Gruppe ist die Gruppe der Erb-Schlauen«, sagte Lars. »Akademikerkinder, Professorentöchter, Lehrersöhne. Manche der Erb-Schlauen bewegen sich gelangweilt durch die Uni, sie sind auf eine seltsame Art verzogen. Andere Erb-Schlaue sind wahnsinnig engagiert: Sie singen im Unichor, spielen im Orchester Harfe.

Die Erb-Schlauen erzählen gerne, dass ihre Eltern über Ecken Jürgen Habermas kennen und ihnen bei einem Urlaub in der Provence, da waren sie neun, »Die Blechtrommel« von Günter Grass in die Hände gefallen sei. Und dass »Die Blechtrommel« beinah alles in ihrem Leben verändert habe. Auf ihrem Fernsehtisch liegt nichts als das mehrteilige DVD-Seminar »Politische Philosophie mit Professor Doktor Julian Nida-Rümelin«.

»Klingt ja sehr sympathisch«, sagte ich.

»Das Schlimmste an den Erb-Schlauen ist ihre Angeberei«, sagte Lars. »Sie lassen beiläufig Namen von Philosophen fallen, die eigentlich nichts zur Sache tun. Nur um ihrem Gegenüber zu signalisieren, was sie schon alles gelesen haben. Die Erb-Schlauen haben auch immer eine Meinung – egal, ob es um Atomkraft, den Ersten Weltkrieg, die wirtschaftliche Entwicklung Chinas oder um Lena Meyer-Landrut geht.«

Ich überlegte einen Moment, ob auch ich zu der Gruppe der Erb-Schlauen gehörte. Aber während sich mein Kopf in Gang setzte, klopfte mir Lars von Trier auf die Schulter. »Ich muss mal schlafen gehen. Die Gruppen vier bis sieben gibt's beim nächsten Mal!«

Lars von Trier salutierte mit der rechten Hand und verschwand durch eine Dachluke. Ich saß noch eine halbe Stunde im Dunkeln und guckte auf die Stadt. Ich wusste immer noch nicht, warum ich studierte. Aber ich wusste jetzt immerhin, dass es den irren Lars gab. Und das machte mir Hoffnung.

DIE REFERATE
DES GRAUENS

In Filmen, besonders in rasanten Filmen, gibt es diese Zeitlupenmomente: Wir sehen dann zum Beispiel sekundenlang, wie sich der Held hinter den Türrahmen hechtet, wie er langsam zu Boden geht, wie eine Patrone auf ihn zufliegt und sich dabei um die eigene Achse dreht. Zeitlupen verlangsamen die Handlung und halten die Spannung aufrecht. Wenn man beispielsweise schon längst ahnt, dass der Held überleben wird, obwohl ihm fünfzehn schwerbewaffnete Russen gegenüberstehen, dann schiebt die Zeitlupe das Überleben noch etwas hinaus und lässt uns zweifeln und zittern. Diese Zeitlupenmomente gibt es auch an der Uni: Man nennt das Referat. Auch Referate schieben das Überleben noch etwas hinaus und lassen uns zweifeln und zittern.

In meinem ersten Referat an der Uni sollte ich in zwanzig Minuten die Frage klären, was Literatur ist. Zwanzig Minuten sind sehr, sehr lang. Länger als die »Tagesschau«. Ein Raumschiff fliegt in zwanzig Minuten fast zehntausend Kilometer. Das habe ich selbst ausgerechnet. Mit dem Taschenrechner. Ich weiß nicht, ob es stimmt. Egal. Jedenfalls sind zwanzig Minuten lang. Selbst wenn man viel schweigt und ausgiebig Handouts verteilt und in Unterlagen blättert, bleibt immer noch viel Zeit, die man füllen muss. Für Schweigen und Handouts verteilen kann man höchstens fünf Minuten einplanen. Zur Vorbereitung googelte ich natürlich, wie ich das immer tat. Und ich kaufte einen Groschenroman. Ich bin mir nicht mehr sicher, wie das Buch hieß: irgendetwas mit Alpenglühen und brennender Sehnsucht. Ich weiß nur noch, dass es um einen Arzt ging und um eine junge Frau, Franziska. Und dass die Geschichte irgendwo in den Alpen spielte. Und dass Franziska den Arzt liebte, aber auch Michael oder Markus oder wie der andere Typ hieß. Franziska arbeitete auf einer Alm. Manchmal kam der Arzt vorbei und trank bei Franziska einen Weißwein. In dem Buch ging es oft ums Wetter. Das klang dann ungefähr so:

> Als die Sonne längst aufgegangen war und der Tag bereits in voller Blüte stand, trat Franziska auf die Terrasse. Ein leichter Wind umspielte ihren Rocksaum. Am stahlblauen Himmel standen schneeweiße Wolken, die Sonne schüttete ihr goldgelbes Licht über die Berggipfel. Alles war friedlich. Nur Franziskas Herz, das war in Unruhe.

Mein Plan war, dass ich zehn bis fünfzehn Minuten aus dem Groschenroman vorlas. Dann blieben drei Minuten für die Definition. Und zwei Minuten für die Fragen. Wobei ich auch immer noch die Möglichkeit hatte, durch ausführliches Erläutern meiner Gliederung Zeit zu schinden. Diesen Trick wenden Studenten weltweit an. Echte Könner verbringen die Hälfte ihres Referats damit, zu erklären, wie ihr Referat aufgebaut ist. Sie strahlen eine Gliederung an die Wand und lesen die einzelnen Punkte vor, so langsam wie möglich. Ein anderer Trick besteht darin, das Publikum mit einem sehr anstrengenden Handout abzulenken. Es bietet sich beispielsweise an, ganze Textblöcke in Schriftgröße 7 auf das Blatt zu kopieren. Oder Grafiken mit sehr vielen Pfeilen. Solange die Zuhörer damit beschäftigt sind, das Handout zu entziffern, kann man vorne fast alles erzählen. Der Nachteil an diesem Trick ist der hohe Arbeitsaufwand: Man muss ein Handout erstellen, kopieren und austeilen. Gerade das Kopieren ist sehr kompliziert. Da kann viel schiefgehen. Wenn man sich nicht ganz sicher ist, wie ein Kopierer funktioniert, dann sollte man davon besser die Finger lassen.

Ich hatte mich für eine sehr reduzierte Gliederung entschieden. Mein Referat bestand aus drei Teilen: 1.) Groschenroman 2.) Definition 3.) Fragen.

Ich legte die Gliederung auf den Tageslichtprojektor und drehte an allen Rädern, um das Bild scharf zu stellen und die Helligkeit zu regeln. Dann las ich die Gliederung vor und kommentierte sie ausführlich. Man kann an dieser Stelle viel Zeit schinden: Statt »Im zweiten Teil meines Referats spreche ich über die Definition von Literatur« sollte man sagen: »Wenn ich den ersten Teil meines Referats abgeschlossen habe, will ich dann zum zweiten Teil meines Referats kommen, in dem ich dann gerne noch einmal ein bisschen über die Definition von Literatur sprechen würde«. Das sind 21 Wörter mehr. Wenn man grundsätzlich jeden Satz um das Zweifache streckt, dann muss man nur die Hälfte vorbereiten. Oder man spricht sehr, sehr langsam. Oder aber man liest etwas vor. Das war meine Lösung. Man darf das aber nicht übertreiben. Die Gefahr besteht, dass der Dozent das Referat abbricht und man es zu einem anderen Termin wiederholen muss. Faulheit macht oft dann am meisten Spaß, wenn sie unentdeckt bleibt. Wenn sie aber entdeckt wird, dann führt sie manchmal zu Mehrarbeit. Und wenn schon Arbeit schlecht ist, dann ist Mehrarbeit noch schlechter.

Ich setzte mich neben dem Tageslichtprojektor auf einen Tisch und klappte den Groschenroman auf. Noch 18 Minuten. Ich las aus dem ersten Kapitel vor. Im ersten Kapitel fährt die junge Frau namens Franziska mit dem Bus vom Tal in die Berge. Sie schaut aus dem Fenster und findet alles sehr schön, die Wolken, die Berge, die Wiesen, sie bekommt Gänsehaut und würde am liebsten die ganze Welt umarmen. Sie will den Sommer über als Bedienung in einer Alm arbeiten. Der Chef der Alm ist ein sehr alter Mann mit Hut und rauen Händen. Ein geheimnisvoller, einsilbiger, aber gutmütiger Mann. An dieser Stelle, als Franziska gerade aus dem Bus steigt, machte ich eine Pause und warf einen kurzen Blick in die Runde. Der Dozent mit Kinnbart hatte seine Beine überschlagen, er blickte mich erstaunt bis entsetzt an. Aber er schien ausreichend gelähmt, denn er griff nicht ein.

Eine Kommilitonin blätterte demonstrativ in einem Buch, der Titel stand in geschwungenen Lettern auf dem Buchrücken: »Die Botschaft des Mahatma Gandhi«. Noch sechs Minuten. Ich las weiter.

Franziska klopft an den Stall. Der alte Mann mit Hut fährt auf und steht fragend vor der jungen Frau aus dem Tal. Franziska erzählt von der Annonce, die sie in der Zeitung gelesen hat. Und dass sie gerne auf der Alm als Kellnerin arbeiten würde. Dann macht Franziska einen Knicks. Der alte Mann mit Hut nickt und nimmt Franziska mit in den Gastraum. An ihrem ersten Arbeitstag passieren Franziska dann einige Missgeschicke. Bis der Arzt aus dem Tal vor ihr steht, dann ändert sich plötzlich alles. Sie verliebt sich schlagartig. Der Arzt aus dem Tal kommt jeden Tag und trinkt ein Glas Weißwein. Das erste Kapitel endet damit, dass Franziska eine Hustenattacke vortäuscht, um mit dem Arzt einige Minuten alleine auf ihrem Zimmer zu sein. Ich klappte das Buch zu.

»Das war Teil eins meines Referats«, sagte ich. »Jetzt würde ich gerne zum zweiten Teil meines Referats kommen.« In Zeitlupentempo legte ich einen Kugelschreiber auf den Tageslichtprojektor, die Spitze zeigte auf »2.) Definition Literatur«. Noch fünf Minuten, ich war perfekt in der Zeit. Ich las eine Definition vor, die ich in irgendeinem Lexikon gefunden hatte. Der Dozent mit Kinnbart hatte seine Augen geschlossen. Woran dachte er gerade? Vielleicht überlegte er, was er in seinem Leben falsch gemacht hatte, dass er nach all den Jahren der Arbeit und der Anstrengung nun hier saß und einem unreifen Erstsemester dabei zusehen musste, wie er eine Viertelstunde lang aus einem Groschenroman vorlas. Ich kam bei Punkt 3 an, den Fragen. »Gibt es Fragen?«, fragte ich. Die Frage, ob es Fragen gibt, ist immer heikel. Sie kann minutenlange Stille nach sich ziehen.

Alle schwiegen. Die Kommilitonin mit dem Gandhi-Buch drehte sich eine Zigarette. Ich weiß nicht, was in ihrem schlauen Buch stand. Vielleicht, dass man geduldig sein muss. Dass man Dinge ertragen muss: Schicksalsschläge, Verluste, Referate. Ich hatte mein Referat hinter mich gebracht – mit einem Mindestmaß an Arbeitsaufwand. Ich setzte mich, die Zeitlupe ging wieder über in Normalgeschwindigkeit. Der Dozent nickte mir zu. »Dankeschön«, sagte er. »Das haben Sie ...« Er machte eine Pause, ihm fiel nicht das richtige Adjektiv ein. »Das haben Sie für den Anfang ja gar nicht schlecht gemacht.«

Nachmittags traf ich Lars an einer Bushaltestelle. Er hatte darauf bestanden, dass wir uns an einer Bushaltestelle treffen – ohne mir zu sagen, warum. Zur Begrüßung umarmte er mich, er roch nach Räucherstäbchen und Kaffee. Als ich ihm von meinem Referat erzählte, imitierte er gestenreich einen ehemaligen Kommilitonen, der jedes Mal, wenn er ein Referat halten musste, zu niesen begann. Beispielsweise konnte er das Wort Nationalsozialismus nicht über die Lippen bringen, ohne zwischendurch zu niesen: National-TSCHI-sozialismus.

Lars klopfte mir auf die Schulter. »Ich schulde dir noch was«, sagte er. »Die Gruppen vier bis acht.«

Wir setzten uns in einen Park, und Lars begann im Schnelldurchgang zu referieren – mit weniger Details als beim letzten Mal. Er hatte die Lust verloren. Gruppe vier: die Unsichtbaren. Es sei schwer zu sagen, wie groß sie ist. Sie besteht aus Schatten und Gerüchten. Mitglied ist, wer sich nur noch phantomartig an der Uni zeigt. Ausscheiden kann man durch Umzug oder Zwangsexmatrikulation. Wer mehr als eine Vorlesung im Monat besucht, scheidet ebenfalls aus. Die Unsichtbaren sind schlecht vernetzt, weil sie sich praktisch nie treffen. Diese Gruppe gefiel mir.

Gruppe fünf: die Schönen. An dieser Stelle wurde Lars verächtlich, seine Sprache stockte vor Zorn. Er hatte hier offenbar einen Komplex. Die Schönen sehen die Uni als verlängerten Laufsteg. Sie nutzen jede Gelegenheit, um auf- und ab zu gehen: In der Bibliothek holen sie sinnlos Bücher aus dem letzten Regal, um möglichst öffentlichkeitswirksam durch die Reihen zu schreiten. Zur Vorlesung kommen sie mit Absicht zu spät und suchen sich einen Platz ganz in der Mitte.

»Na und?«, fragte ich. Als Antwort schüttelte Lars nur den Kopf. Es war offensichtlich: An Gruppe fünf musste er noch arbeiten. Gruppe sechs: das Personal. Zu dieser Gruppe gehörten alle mit Schlüsselgewalt: Hausmeister, Professoren, Dozenten, HiWis, Bibliotheksangestellte. Das Personal hat eigene Büros, mit eigenen Kaffeemaschinen und eigenen Sofas. Das Personal geht schneller und aufrechter durch die Uni als alle anderen, niemand kann das

Personal aufhalten. Das Personal weiß, wie man einen Beamer aktiviert und hat reservierte Parkplätze vor dem Hauptgebäude. Studenten verändern sich, wenn sie in die Gruppe des Personals aufsteigen. Sie tragen dann den Ausdruck der Befugten im Gesicht. Wenn sie nachts von den Securitymännern gefragt werden, was sie um diese Uhrzeit noch in der Uni machen, dann strecken sie eine Hand aus und sagen: »Ich gehöre zum Personal.« Und wenn das nicht reicht, dann zeigen sie auf ihren Schlüsselbund.

Gruppe sieben: die Uni-Loser. Sie fühlen sich in einem Hörsaal wie ein Hamster, den man in ein Aquarium wirft. Sie vergessen regelmäßig, sich vor dem neuen Semester zurückzumelden. Sie fallen nicht durch Klausuren, sondern sie verpassen Klausuren. Sie sind die Problemstudenten, deren Eltern man einbestellen würde, wären sie nicht schon erwachsen. Sie würden gerne mitschreiben – aber sie haben keinen Stift.

Lars von Trier nickte mir zu. Wir wussten beide, dass ich meine Gruppe gefunden hatte. Das war die gute Nachricht: Ich war offenbar nicht allein.

DIE HAUSARBEITEN
DES GRAUENS

Es gibt etwas, das lässt die Zeit an der Uni noch zäher fließen als Referate: Hausarbeiten. Hausarbeiten sind die Ultra-Slow-Motion.

Die ersten drei Sätze, die ich je für eine Hausarbeit geschrieben habe, hießen: Mir ist langweilig. Mir ist langweilig. Mir ist langweilig. Man hatte uns kurz zuvor erklärt, wie man Hausarbeiten schreibt, Fußnoten, korrektes Zitieren und so weiter, und jetzt saß ich in der Unibibliothek in München und musste die erste Hausarbeit meines Lebens schreiben. Mir war klar, dass ich vor dem Beginn einer glanzlosen wissenschaftlichen Karriere stand. Wobei von diesen drei Worten – »glanzlos«, »wissenschaftlich« und »Karriere« – eigentlich nur das erste zutraf.

Das Grausame war das Tippen der anderen, das unaufhörliche Klappern der Tastaturen. Ich saß an einem Tisch und sah mich um. Beinahe jeder hatte Ohropax und etwas zu trinken dabei. Sie saßen mit diesen Gummistöpseln im Ohr vor ihren Computern und tippten, tippten und tippten. Und weil ich nichts zustande brachte, begann ich darüber zu schreiben, was ich dachte und sah. Das war der erste Schritt: Ich musste in den ewigen Chor von klappernden Tastaturen einstimmen. Ich schrieb: Mir ist langweilig. Mir ist langweilig. Mir ist langweilig. Ich habe Hunger. Ich habe Hunger. Ich habe Hunger. Ich bin müde. Ich bin müde. Ich bin müde. Zwischendurch blätterte ich angestrengt in den Büchern, die ich ausgeliehen hatte. So, wie die anderen das auch taten. Von außen gesehen, gehörte ich jetzt dazu: Ich saß gebeugt über meinem Computer, tippte unaufhörlich und blätterte zwischendurch in Büchern.

Ich stellte mir vor, wie es wäre, wenn jetzt ein Lehrer durch die Reihen schreiten würde, die Arme hinter dem Rücken verschränkt, milde lächelnd, und er auf jedem Bildschirm nachsehen würde, was wir gerade schrieben. Er würde mir näher kommen, Platz für Platz, er würde bei allen anderen nicken, auf Schultern klopfen und loben. Und dann steht er vor mir. Ich erstarre, Schweiß. »Aber was tun Sie denn da?«, fragt er. So laut, dass es jeder hört. »Was schreiben Sie denn da für einen Unsinn?«

Aber es kam kein Lehrer. Nichts passierte. Gar nichts. Es gab nur das an- und abschwellende Geräusch der klappernden Tastaturen. Neben mir saß eine, die ihrem Aussehen nach zur Polo-Armee zu rechnen war. Sie tippte so entschlossen auf ihrer Tastatur, dass jeden Moment ihr Computer in zwei Hälften zerbrechen musste. Ihr gesamter Leistungswille sammelte sich in ihrem Zeigefinger. Er kreiste suchend über den Tasten und schlug erbarmungslos zu, sobald er sein Ziel gefunden hatte.

Und: Sie trug tatsächlich Wanderstiefel. Wenn sie aufstand, um ein Buch aus einem Regal zu holen, bebte die Erde wie bei »Jurassic Park«.

Vor mir saß ein Profi. Das war nicht zu übersehen. Er war das Gegenteil der Dinosaurierfrau neben mir: Alles an ihm war geschmeidig. Er kämmte sich mit gespreizten Fingern durch die frisch geföhnten Haare, er ließ seine Hände über sein MacBook fliegen, und wenn er etwas trank, dann sah er aus, als sei er in Wahrheit Mineralwassermodel. Man hätte ihn wohl auch zu der Gruppe der Schönen rechnen können. Er stand auffällig oft auf, um vor den Regalen auf und ab zu gehen.

Ich stellte mir vor, wie sein Leben aussah. Ungefähr so: Abends, vor dem Schlafengehen, reibt er sein edles Gesicht mit Nivea ein. Er klappt seine Hugo-Boss-Brille zusammen und knipst die Lampe auf dem Nachttisch aus. Seine Bettwäsche ist immer frisch. Jeden zweiten Abend macht er ein kleines Work-out: Hanteln, Laufband, Kniebeugen. Morgens bereitet er sich einen Smoothie zu, während er schon die ersten Mails mit seinem Professor austauscht. In seinen Mails ist er, selbstverständlich, sehr verbindlich. Er trägt eine Umhängetasche, die er als Abonnent der »Zeit« bekommen hat. Manchmal schreibt er der »Zeit« einen Leserbrief, in dem er die Ausgewogenheit der Artikel lobt. Es gibt für ihn nicht die Möglichkeit des Scheiterns. Hausarbeiten, Referate, Dissertationen und Essays ziehen im sanften Strom des Workflows an ihm vorüber.

Ich richtete meinen Blick zurück auf meinen Bildschirm: Ich hatte drei Absätze geschrieben. Im ersten Absatz ging es darum, dass mir langweilig war. Im zweiten, dass ich Hunger hatte, und im dritten, dass ich müde war. Hier brachte ich eine Fußnote an und löste sie am Seitenende auf. Dort schrieb ich: Ich bin *sehr* müde.[1]

Die Dinosaurier-Frau stapfte gerade in die Abteilung Erziehungswissenschaft. Ihr Hunger war nicht gestillt. Sie pflückte sich weitere Bücher aus den Regalen und ließ sie neben ihren Computer fallen. Der Profi strich sich eine Strähne aus dem Gesicht. Ob er gerade über sein Work-out-Programm nachdachte? Ich hatte exakt zwei Möglichkei-

---

[1] Ich bin *sehr, sehr* müde.

ten. Ich konnte in der Bibliothek bleiben und so tun, als ob ich etwas täte. Oder ich konnte nach Hause gehen und nichts tun. Ich sah auf die Uhr und bekam das Gefühl, dass ich noch eine Weile so tun musste, als ob ich etwas täte. Minutenweise wurde die Luft schlechter und das Klappern der Tastaturen lauter. Das Problem war, dass ich mit dem Internet verbunden war. Ich sah mir jedes YouTube-Video an, das mir in die Quere kam: Katzen, die von Tischen fielen. Kuriose Eigentore in der chilenischen Liga. Musikvideos von Madonna. Ein missglückter Wahlkampfauftritt von Edmund Stoiber. Die schlimmsten Katastrophen in der Geschichte der Luftfahrt. Alte Folgen der Simpsons. Die schönsten Tore der Bundesliga-Saison 2005/2006. Die Verzweiflung war sogar so groß, dass ich mir ein Porträt von Angela Merkel ansah. Als ich ihr dabei zusah, wie sie sich an ein Rednerpult klammerte, verlor ich meinen letzten Funken Energie. Ich legte meinen Kopf auf den Tisch und versuchte zu schlafen. Und es gelang mir – einzuschlafen war das Einzige, was mir an diesem Tag gelang.

Nach einer Stunde wachte ich auf. Ich sah mich um: Es hatte sich nichts geändert, überhaupt nichts. Die Dinosaurier-Frau meißelte immer noch Buchstabe für Buchstabe in die Computertastatur. Der Profi saß immer noch aufrecht an seiner Hausarbeit. Und in meinem Dokument stand nichts außer drei Absätze über Langeweile, Hunger und Müdigkeit.

Mich erdrückten die Bücher, die sich in den Regalen reihten. Mich erdrückte die Vorstellung, dass für diese Bücher Tausende Menschen Hunderttausende Stunden an ihren Schreibtischen gesessen hatten. In den Regalen reihten sich Zeugnisse von Disziplin und Durchhaltevermögen. Jede Fußnote war ein Beweis für Akribie und Ernsthaftigkeit. Und ich schlief ein beim Versuch, die ersten Wörter meiner ersten Hausarbeit zu schreiben. Mir ist langweilig. Ich habe Hunger. Ich bin müde. Fußnote: Ich bin *sehr* müde.

Für einen Moment dachte ich, dass es vielleicht allen anderen auch ging wie mir. Dass die Frau mit den Wanderstiefeln seit zwei Tagen kein Wort weitergekommen war und nun zeilenweise Unsinn schrieb. Dass der Profi statt an seiner Dissertation am längsten Einkaufszettel der Welt arbeitete. Und dass die Studentin, die sich gerade nach einem Buch streckte, in Wahrheit nach einem geeigneten Kopfkissen suchte. Aber ich verwarf den Gedanken wieder: Das war nicht mehr als eine schöne Illusion.

Ich hatte noch immer kein einziges Wort für meine Hausarbeit geschrieben. Die Vorstellung, dass Monate und Jahre vor mir lagen, in denen ich mich regelmäßig der Tortur stellen musste, die ich gerade erlebte, lähmte mich. Ich blickte auf eine bleierne Zeit. Es fühlte sich an wie Nachsitzen. Wo war eigentlich der Unterschied zwischen Schule und Uni? In meinem Kopf begann ich, eine Liste aufzustellen. Schule: Jahrelang in muffigen Räumen sitzen. Uni: Jahrelang in muffigen Räumen sitzen. Schule: Angst vor Klausuren. Uni: Angst vor Klausuren. Schule: Warten auf die Sommerferien. Uni: Warten auf die Semesterferien. Schule: Früh aufstehen. Uni: Nicht ganz so früh aufstehen. Okay, dieser Punkt ging an die Uni.

Ich saß jetzt seit über vier Stunden in der Bibliothek und war keinen einzigen Schritt vorangekommen. Aber ich entwickelte die Fähigkeit, so zu tun, als arbeitete ich konzentriert. Das ist nicht leicht. Man muss einiges beachten. Man sollte …

△ … schlückchenweise stilles Wasser trinken, ohne dabei die Augen vom Bildschirm abzuwenden. Weil: So machen das alle.

- ... Ohropax mitbringen.
- ... hin und wieder die Stirn in Falten werfen. Achtung: Nicht zu lange. Sonst gehen die Falten nicht mehr weg.
- ... hin und wieder leise hüsteln, ohne dabei die Augen vom Bildschirm abzuwenden.
- ... niemals weniger als fünf Bücher vor sich haben.
- ... sich Notizen machen. Wichtiges unterstreichen. Sehr Wichtiges zweimal unterstreichen. Noch Wichtigeres dreimal unterstreichen. Noch viel Wichtigeres viermal unterstreichen. Etwas fünfmal zu unterstreichen ist jedoch nicht sinnvoll.
- ... hin und wieder aufstehen und suchend durch die Regalreihen gehen und ein beliebiges Buch unter erleichtertem Aufatmen aus dem Regal ziehen.
- ... tippen, tippen, tippen. Je lauter, desto besser.
- ... sich mindestens einmal in der Stunde strecken und dehnen. Je ausgefeilter die Dehnübungen, desto überzeugender. Gerne auch Yoga.
- ... wenn möglich, in eine Karotte beißen, ohne dabei den Blick vom Bildschirm abzuwenden. Je lauter, desto besser. Geht auch mit Äpfeln.

Wer auf diese Dinge achtet, kann Tage in der Bibliothek sein, ohne etwas zu tun. Er wird nicht auffallen.

Nachdem ich einen Tag nichts in der Bibliothek getan hatte, wollte ich am nächsten Tag nichts zu Hause machen. Denn zu Hause konnte ich mindestens genauso schlecht arbeiten wie in der Bibliothek. Morgens begann ich mit Vorbereitungen: Ich kochte Kaffee, schmierte Brötchen, duschte, lüftete mein Zimmer, putzte meinen Schreibtisch, aß Brötchen, trank Kaffee, schüttete Kaffee über den Schreibtisch, putzte den Schreibtisch noch mal, kochte noch mal Kaffee, klappte meinen Laptop auf, da war es schon mittags, klappte meinen Laptop zu, ging einkaufen, kochte, aß, spülte ab, kochte Kaffee, klappte meinen Laptop wieder auf, reinigte die Tastatur, klappte meinen Laptop zu, stellte einen Wecker, machte einen Mittagsschlaf, klappte meinen Laptop auf, das war es schon abends, machte den Fernseher an, erst lautlos, dann mit Ton, klappte meinen Laptop zu und legte mich aufs Bett, um die »Tagesschau« zu gucken. Am nächsten Tag wollte ich wieder in die Bibliothek, nächster Versuch. Als ich ankam, sah ich, dass sich seit zwei Tagen nichts geändert hatte. Dieselben Menschen saßen auf denselben Plätzen. Die Dinosaurier-Frau, der Profi.

Zur Tarnung zog ich, wie ich das immer tat, ein Buch aus dem Regal und legte es an meinen Platz. Es war tausend Seiten dick. Dick genug für ein Kopfkissen. Ich sah mir den Titel an: »Politische Theorien im Zeitalter der Ideologien. 1789–1945«. Ich begann zu blättern. Auf Seite 205 erfuhr ich, dass Max Weber »die Ausdifferenzierung der Subsysteme am eigenen Leib durchlebt« hat. Ich fragte mich, wie sich das wohl anfühlt, wenn am eigenen Leib Subsysteme ausdifferenziert werden. Irgendwie klingt das schmerzhaft. Ein paar Seiten weiter hinten las ich, dass Max Weber »der große Pionier der vergleichenden Forschung« war – was auch ein schöner Satz wäre für einen Grabstein: »Hier ruht der große Pionier der vergleichenden Forschung.« Ich klappte das Buch zu und meinen Laptop auf. Zuerst las ich meine Mails. Damit beginnt jeder Arbeitstag. Darauf sollte man trotz aller Konzentration nicht verzichten.

Ein Freund hatte mir ein Video geschickt. Es zeigte einen Hamster, der auf den Hinterpfoten tanzt. Ich fand es nicht lustig. Aber ich sah es mir immer wieder an. Wie besessen suchte ich nach der Pointe im Hamster-Video: Vielleicht fiel mir etwas nicht auf, vielleicht hatte ich etwas übersehen. Da musste doch etwas sein, das ich nicht sah.

Ich schrieb meinem Freund eine E-Mail: Ich bat ihn, das Rätsel zu lösen. Ab jetzt prüfte ich im Minutentakt, ob er mir bereits geschrieben hatte. Mir war klar, dass ich erst zu arbeiten anfangen konnte, wenn ich wusste, was hinter dem Hamster-Video steckte. Ich sah nur einen Hamster, der zur Musik von Britney Spears von einem auf das andere Hinterbein sprang. Was für sich genommen natürlich kurios ist. Wie oft sieht man schon Hamster, die zur Musik von Britney Spears tanzen? Aber es musste noch etwas geben, das ich übersehen hatte. Eineinhalb Stunden später hatte mir mein Freund immer noch nicht geschrieben.

Natürlich hätte ich nun versuchen können, die Hamster-Frage vorerst ruhen zu lassen und mich meiner Hausarbeit zu widmen. Ich hätte das Video einfach als ein Video sehen können, das einen tanzenden Hamster zeigt: nicht mehr und nicht weniger. Was für sich genommen kurios ist, jedoch kein geeigneter Anlass, um stundenlang darüber zu grübeln. Aber ich wusste, dass mich die Frage, blieb sie unbeantwortet, den ganzen Tag beschäftigen würde. Und das wäre nicht gut für meine Hausarbeit, für die ich noch immer keinen einzigen Satz geschrieben hatte. Also entschied ich mich, meinen Freund anzurufen und ihn zu fragen. Die Hamster-Frage sollte ein für alle Mal geklärt werden. Und dann würde ich mich mit voller Leidenschaft und höchster Disziplin, der Germanistik widmen. Bis zu meinem Lebensende. Wie ein Mönch würde ich mich in den Dienst der Wissenschaft stellen: fleißig, enthaltsam und ernst. Ich wäre sogar bereit, die Ausdifferenzierung der Subsysteme am eigenen Leib zu erleben. Bis ich eines Tages als der Pionier der vergleichenden Forschung gelte. Aber erst musste ich die Hamster-Frage klären. Daran führte kein Weg vorbei.

Ich packte meine Sachen zusammen und stopfte sie in

den Rucksack. Die Bücher ließ ich als Reservierung an meinem Platz liegen. Ich wollte ja schließlich zurückkommen, sobald ich die Hamster-Frage geklärt hatte. Daran durfte es keinen Zweifel geben. Ich musste zurückkommen.

Unter. Allen. Umständen.

Zum Glück erreichte ich meinen Freund sofort. Er fragte mich, warum ich so besorgt klang und ob etwas passiert sei. Und als ich ihm erzählte, worum es ging, stieß er ein Lachen aus.

»Ist das nicht verrückt?«, fragte er. »Ein Hamster, der zu Britney Spears tanzt!«

»Verrückt«, sagte ich.

Wir verabschiedeten uns. Ich steckte mein Handy in die Hosentasche. Das Rätsel war gelöst. Beziehungsweise wusste ich nun, dass es gar kein Rätsel gab. Der mysteriöse Hamster war einfach ein fröhlicher Hamster, der gerne zu Britney Spears tanzt. Das deprimierte mich. Ich hatte nach einem Sinn gesucht, den es gar nicht gab. Eine Leere erfasste mich. Eine dunkle, tiefe Leere. Schlagartig wurde mir klar, dass ich jetzt nicht einfach übergangslos in die Bibliothek zurückkehren konnte, um weiterzumachen wie davor. Das wäre geschmacklos und wahrscheinlich nicht sehr gesund. Der Mensch braucht Zeit, um die Dinge zu verarbeiten, die er erlebt. Die Hausarbeit konnte warten, sie musste warten. Ich hatte die Grenzen meiner Leistungsfähigkeit erreicht.

Einige Tage später schrieb ich meinem Professor eine E-Mail. Ich teilte ihm mit, dass ich in diesem Semester keine Hausarbeit abgeben würde.

Das Hamster-Video guckte ich mir nie wieder an.

MEIN ERSTER ABBRUCH

Nach einem Semester Germanistik gab ich auf. Wobei das nicht von einem auf den anderen Tag geschah: Seit ich den ersten Fuß in die Münchner Universität gesetzt hatte, bereitete ich meine Kapitulation vor.

Der Kapitulation ging ein wochenlanges Verschwinden voran. Eines Tages, an einem der vielen Tage, an denen ich mich entschieden hatte, der Universität fernzubleiben, fiel mir zufällig ein Roman in die Hände, der »Die Kunst des Verschwindens« hieß. Als ich in diesem Buch blätterte, wurde mir klar, dass ich meine Kunst gefunden hatte: In der Kunst des Verschwindens wollte ich ein Meister werden.

Das Referat, in dem ich aus einem Groschenroman vorgelesen hatte, blieb die letzte und einzige Leistung, die ich in einem Semester erbrachte. Mit gelang es, den zwei Veranstaltungen, die ich wöchentlich besuchen musste, regelmäßig fernzubleiben. In meinem ersten Nebenfach, Spanisch, hatte ich die Eingangsprüfung nicht bestanden und konnte deshalb keine Seminare besuchen. In meinem zweiten Nebenfach, Psychologie, ging ich dreimal in die Einführungsvorlesung. Von dieser Vorlesung ist mir nur in Erinnerung, dass der Professor Sigmund Freud nicht mochte und dass er uns einen Trick verriet, wie man sich einfach Telefonnummern merken kann.

Zur Kunst des Verschwindens gehört die Fähigkeit, auf dem Weg in die Uni im letzten Moment abzudrehen. Das heißt: Mit den besten Vorsätzen aufstehen, duschen, Rucksack packen, sich auf den Weg machen und in Sichtweite des Hörsaals den Entschluss fassen, dass dies ein guter Tag ist, um im Park zu liegen. Das war die erste Stufe des Verschwindens. Irgendwann einmal hatte ich einen Film gesehen über einen Mann, der seine Arbeit verliert und sich trotzdem jeden Morgen von seiner Frau verabschiedet, das Garagentor öffnet, ins Auto steigt. So, als sei nichts passiert. Und dann fährt er den ganzen Tag durch die Stadt, bis er abends, pünktlich zur Feierabendzeit, den Wagen in der Garage abstellt, seine Jacke an die Garderobe hängt und seine Frau küsst.

Ich musste zwar vor niemandem verstecken, dass ich der Uni fernblieb. Aber ich begann meinen Tag wie der Mann im Film, pünktlich und routiniert. Und verbrachte ihn dann meistens in einem Park. Ich schlief, las, beobachtete Menschen, guckte in den Himmel und sah der Sonne beim Wandern zu. Meine anfänglichen Expeditionen in die Bibliothek stellte ich bald ein. Sie waren mir zu riskant. Noch wochenlang musste ich mich von den wenigen Stunden erholen, die ich in der Bibliothek verbracht hatte.

Was mich am meisten niederschlug, waren diese Geräusche: das ewige Rascheln und Hüsteln, die dröhnende Stille. Wenn ich durch die Bibliothek wanderte und mich umguckte, dann erschien mir das, was ich sah, wie eine Installation auf der Documenta. Das Werk würde den Titel »Schweigen – Husten – Blättern« tragen und die Kritiker aufgrund seiner verstörend-bedrückenden Wirkungskraft begeistern.

Bei meinem letzten Besuch in der Bibliothek lernte ich Lisa kennen, sie studierte Medizin. Ein Faden unseres Schicksals verknüpfte sich, als sie sich freundlich nickend neben mich setzte. Ich hatte ein Fenster geöffnet, und nun teilte mir Lisa flüsternd mit, ihre rechte Hand auf den Kehlkopf legend, dass sie erkältet sei und deshalb das Fenster nun schließe. Ich nickte, denn ich wollte ja nicht für den Tod einer Medizinstudentin verantwortlich sein.

Als sie das Fenster geschlossen hatte, setzte sie sich aufrecht auf ihren Stuhl, räuspernd verjagte sie einen Frosch aus ihrem Hals. Es war dieser Frosch, der ihr Leben bedrohte. Und dann begann sie ihre Tasche auszupacken. Sie stellte rechts eine Handcreme, Geschmacksrichtung Kamille, auf den Tisch, links eine Flasche stilles Wasser. Sie schlug einen Anatomie-Atlas auf, der von Post-its durchzogen war. Aus einem Schnellhefter holte sie mehrere Seiten kariertes Papier, das sie mit Schönschrift beschrieben und mit Textmarker bemalt hatte. Und weil sie noch mehr zu schreiben und zu markieren hatte, ihr ganzes Studium bestand offenbar aus Schreiben und Markieren, holte sie zwei Textmarker und einen Kugelschreiber aus ihrer Tasche und richtete sie im rechten Winkel zum Atlas der Anatomie aus. Bevor sie zu lernen begann, massierte sie einige Minuten ihre Schläfen: Ihre Finger kreisten erst in die eine, dann in die andere Richtung.

Dann fiel sie über die Anatomie des Menschen her, sie machte vor keinem Winkel des Körpers halt. Speiseröhre, Zwölffingerdarm, Gallengang. Jeder Muskel war lernbar, jeder Knochen war etwas, das sich Lisa merken konnte – sofern sie eine stabile Eselsbrücke fand. Nach jedem Erfolgserlebnis griff sie in eine Tüte mit Gummifrüchten. »Man muss sich belohnen«, flüsterte sie mir zu.

Was mich beeindruckte, war die exakte Regelmäßigkeit,

mit der Lisa zum stillen Wasser griff: Sie trank das Wasser schluckweise und ließ es, bevor sie es hinunterschluckte, kurz im Mund. »Trinken ist wichtig«, flüsterte mir Lisa zu. Ein wahrer Satz, der kaum zu widerlegen war. Lisa entwickelte mir gegenüber einen seltsamen Mitteilungsdrang. Sie kommentierte alles, was sie tat. Und als sie zum Mittagessen gehen wollte, bat sie mich, einen Blick auf ihre Sachen zu werfen. Als sie zurückkam, bestand sie darauf, mich zur Belohnung auf einen Kaffee einzuladen. Ich nahm jede Gelegenheit der Ablenkung dankend an, also auch diese.

Als wir in der Cafeteria saßen, stellte mir Lisa ihren inneren Schweinehund vor. Sie erzählte mir von ihm, als sei er ein Dackel, der mit etwas Dressur und Geduld, mit etwas Schokolade und Gummifrüchten unter Kontrolle zu bekommen war. Einmal, kurz vor den Klausuren, habe sie bis zwölf Uhr ausgeschlafen. Dann habe sie sich den ganzen Tag schlecht und schuldig gefühlt.

Das sollte der letzte große Triumph ihres inneren Schweinehunds bleiben.

Dann fragte sie mich. Ich schilderte ihr ein Monster, das den Körper von Godzilla hatte und die Entschlossenheit von King Kong. Ein Kettenhund mit monumentalen Eckzähnen. Eine säuselnde Sirene mit glühenden Augen. Ich erzählte ihr von den Waffen, die mein Schweinehund gegen mich einsetzte. Von Betäubungspfeilen, die mich sieben Stunden schlafen ließen. Von geheimnisvollen Guarana-Bomben, die mich in extreme Nervosität versetzten und jede Konzentration für mehrere Tage unmöglich machten. Ich schmückte meine Erzählungen aus, bis Lisa mir vorsichtig mitteilte, dass sie nun zurück an ihren Platz müsse. Ich sah Lisa nie wieder. Was auch daran lag, dass ich nie wieder in die Bibliothek ging. In der Kunst des Verschwindens hatte ich nun Stufe zwei erreicht. Stufe zwei bestand darin, so wenig wie möglich vor die Haustür zu gehen.

Wer sich nun öfters meldete, war Herr Häberle. Es saß in kariertem Hemd auf meiner Schulter und murmelte Halbsätze. Manchmal schrie er mich an. Seine Ermahnungen bestanden aus einzelnen Wörtern wie »Durchbeißen!«, »Haltung!« oder »Konzentration!«. Wenn ich gerade von meinem Mittagsschlaf aufwachte, marschierte Herr Häberle in meinem Zimmer auf und ab und notierte sich, sobald ich wach war, wie lange ich geschlafen hatte. Er war nicht totzukriegen. Wenn ich duschte, stand er in Badekappe neben mir. Wenn ich im Park lag, stellte er seinen Aktenkoffer ins Gras und guckte von der ersten Minute an auf seine Armbanduhr. Wenn ich in die U-Bahn einstieg, dann fragte er mich nach meinem Ticket, und wenn ich keins hatte, dann erinnerte er mich alle fünf Minute daran, wie wahrscheinlich eine Kontrolle war.

Nach einem Semester, im Sommer 2007, registrierte Herr Häberle meinen ersten Studienabbruch. Nicht, dass er die Kombination aus Germanistik, Psychologie und Spanisch sinnvoll gefunden hätte. Über seiner Skepsis gegenüber diesen Fächern stand jedoch ein eiserner Grundsatz: Was man beginnt, das beendet man auch. Ich weiß nicht, woher diese Obsession kommt, Dinge beenden zu müssen. Sie ist ja sehr verbreitet. Weltweit. Seit Jahrtausenden beenden Menschen Dinge, weil man Dinge eben beendet.

Ich wünsche mir mehr Monumente des Abbrechens. Mir würde zum Beispiel der Eiffelturm viel besser gefallen, wenn man ihn nicht fertig gebaut hätte. Das wäre eine wirkliche Attraktion: ein halb fertiger Turm, der mit dem Hinweis versehen ist, dass es den Arbeitern nach einigen Wochen langweilig wurde, eine an sich gute Idee nur noch auszuführen. Der schiefe Turm von Pisa ist ein guter Anfang. Niemand würde sich für ihn interessieren, wenn er senkrecht stehen würde. Dann wäre er nur einer von sehr vielen Türmen in Italien. Was fasziniert, ist das Unperfekte. Wenn es nach mir geht, dann muss auch der Berliner Flughafen nicht fertig werden. Mir ist sehr sympathisch, dass bei diesem Projekt andauernd etwas schiefgeht und die ersten Beteiligten bereits die Lust verlieren. Er soll genauso unfertig bleiben, wie er gerade ist. Ich wünsche mir, dass der Berliner Flughafen als Pilgerstätte für all die Menschen dient, die ungern Dinge fertig machen.

In den letzten Tagen meines Germanistikstudium googelte ich den Begriff »Abbrechen«. Googeln hatte sich im Arsenal meiner wissenschaftlichen Methoden inzwischen fest etabliert. Ich landete bei Wikipedia.

Dort lernte ich, dass der Begriff »Abbrechen« auch im militärischen Sprachgebrauch in verschiedenen Zusammenhängen benutzt wird. Ein Kriegsschiff abzubrechen bedeutet beispielsweise, es zu demontieren, rückzubauen und zu verschrotten. Auch im Zusammenhang mit Gefechten spricht man vom Abbrechen, las ich dort: »Der Führer einer Gefechtspartei entschließt sich dazu, das Gefecht abzubrechen, wenn er in der Fortführung des Gefechts keinen Vorteil mehr erkennt und er die Möglichkeit sieht, sich vom Feind zu lösen.«

Besser hätte ich es auch nicht formulieren können. Ich sah: Studieren ist wie Krieg führen. Ich erkannte in der Fortführung des Gefechts keinen Vorteil mehr und sah die Möglichkeit, mich vom Feind zu lösen. Ich entschied mich, mein Germanistikstudium zu demontieren, rückzubauen und zu verschrotten. Ich kündigte meine Wohnung, packte Kisten, verabschiedete mich von Lars.

Und ich überlegte von Neuem, was ich studieren wollte.

DER TREND GEHT ZUM ZWEITSTIFT

Man kann ja sehr viel studieren, ganz generell. Zum Beispiel Abenteuer- und Erlebnispädagogik in Marburg, Archäologie der Griechischen, Römischen und Byzantinischen Welt in Göttingen, Bahnsystemingenieurwesen in Dresden, Brauwesen in München oder auch Zupfinstrumente in Köln. Nachdem ich mein erstes Studium abgebrochen hatte, wollte ich nun etwas Solides studieren. Etwas Bodenständiges mit Zukunft. Ich entschied mich für Politikwissenschaft.

Durch Zufall erfuhr ich von einem Aufnahmetest in Freiburg. Der Test fand im Audimax statt, in dem schon mehrere Hundert Bewerber saßen, als ich eintraf. Sie saßen da und warteten auf den Startschuss, wie Sprinter bei Olympia. Ich hatte nichts weiter mitgebracht als einen Stift. Einen einzigen. Wenn mich heute Studienanfänger fragen, worauf sie achten sollen, was eher selten passiert, dann rate ich ihnen immer das Gleiche: Legt euch einen zweiten Stift zu. Ich weiß, dass das nicht leicht ist. Für viele, mich eingeschlossen, ist es bereits eine Herausforderung, einen einzigen Stift zu besitzen und ihn durchgängig mit sich zu führen. Aber wenn ich eines an der Uni gelernt habe, dann ist es das: Es ist sinnvoll, einen zweiten Stift zu haben. Es ist auch eine Frage der Professionalität. Wer einen zweiten Stift mit sich führt, signalisiert Leistungswillen und Weitblick.

Ich setzte mich in die vorletzte Reihe und legte meinen Stift vor mich hin. Mein Nebensitzer klammerte sich an ein isotonisches Fitnessgetränk. Er sah aus wie ein Schwein vor der Schlachtung – nur etwas bleicher. Ihn beruhigte offenbar nicht einmal der Umstand, dass er bestens ausgerüstet war: Er hatte vier Kugelschreiber vor sich liegen, einen Bleistift und ein Geodreieck. Das Geodreieck war entweder bloße Angeberei, oder er hatte vor, Dreiecke zu zeichnen. Oder vielleicht wollte er Dinge, die besonders wichtig waren, unterstreichen.

Als der Test ausgeteilt wurde, griff er zu einem der Stifte und begann zu schreiben, wie ich noch nie jemanden schreiben sehen habe. Wie ein Schwein vor der Schlachtung, das einen Abschiedsbrief schreibt. Okay, dieses Bild ist schief. Schweine können nicht schreiben. Und wenn sie schreiben könnten, hätten sie vielleicht gar nicht das Bedürfnis, vor ihrer Schlachtung Abschiedsbriefe zu schreiben. Jedenfalls schrieb mein Nebensitzer sehr schnell und schwitzte dabei. Der Test fragte Allgemeinwissen ab. Ich kreuzte Kästchen an, schrieb einige Sätze. Es lief ganz gut.

Auf Seite zwei versagte dann aber mein Kugelschreiber. Er kratzte über das Papier, ohne Spuren zu hinterlassen. Ich schraubte ihn auf, um die Ursache zu erforschen. Dabei schoss die Feder von der Mine und landete bei meinem Nebensitzer. Er sah mich irritiert an. Ich sah irritiert zurück und fragte ihn, ob er mir einen Kugelschreiber leihen könne. Er verneinte mit dem Hinweis, dass er einen zweiten Kugelschreiber mitgebracht hatte für den nicht unwahrscheinlichen Fall, dass der erste den Geist aufgab. Ich zeigte auf die zwei anderen Kugelschreiber, die vor ihm lagen. »Den dritten brauche ich, falls der zweite den Geist aufgibt«, sagte er.

»Und was ist mit dem vierten?«, fragte ich.

»Den vierten brauche ich, falls der dritte nicht mehr funktioniert.«

»Und das Geodreieck?«, fragte ich.

Er schwieg und wendete sich wieder seinem Test zu. Einen Augenblick lang dachte ich daran, aufzugeben. Vielleicht war der kaputte Stift ein Zeichen. Es wäre der schnellste Studienabbruch aller Zeiten gewesen.

Dann aber nahm ich allen Mut zusammen und fragte in der Bank hinter mir nach einem Stift. Aber jeder, den ich fragte, schüttelte entweder den Kopf oder sah gar nicht erst auf. Unter dem Vorwand, auf die Toilette zu müssen, verließ ich das Audimax. Ich fragte eine Gruppe von Studenten, die auf einer Treppe saßen und Kaffee tranken, nach einem Stift. Sie sahen mich einige Augenblicke schweigend an, als sei Yeti gerade vor ihren Augen erschienen. Ich ging nach draußen. In der Fußgängerzone geriet ich in eine Demonstration für Tibet. Es roch nach Schweiß und Räucherstäbchen. Die Menschen trugen bunte Gewänder und Jacken von Jack Wolfskin. Manche hatten sich mit Hilfe bunter Tücher ihre Kinder um den Bauch gebunden. Eine junge Mutter reckte die Faust ihrer rechten Hand in die Luft und schrie: »Tibet den Tibetern.«

Ich fragte sie freundlich nach einem Stift.

»WAS willst du?«, fragte sie mich. Meine Stimme ging im Lärm der Demonstration unter.

»Einen Stift«, schrie ich.

Sie schob mich beiseite, als sei ich vom chinesischen Geheimdienst. Dann reckte sie wieder ihre Faust in die Luft und schrie: »Tibet den Tibetern.« Einen Augenblick lang stellte ich mir vor, wie diese bunten Menschen, die gerade durch die Freiburger Fußgängerzone marschierten, um ein Land im Himalaja zu retten, für mich demonstrierten. Mit Plakaten, die ein »Recht auf Stift« einfordern. Das Motto der Demonstration hieße dann »one man, one pen«. In feurigen Reden würde darauf hingewiesen, dass in Deutschland, in einem der reichsten Länder der Welt, nach wie vor jeder vierte Student morgens ohne eigenen Stift zur Uni gehe. Dann würde ich, ein Betroffener, das Mikrofon ergreifen. Stille. »Hallo«, sage ich dann. »Ich heiße Felix, bin Student und habe keinen eigenen Stift.« Applaus. Jemand klopft mir auf die Schulter. Ein anderer ruft: »Kein Stift ist Gift.« Eines Tages würde ich diese Demonstration organisieren. Das wusste ich.

Ich ging einige Meter, bis ich einen Schreibwarenladen entdeckte. Ich kaufte zehn Kugelschreiber und einen Bleistift. Als ich mich wieder an meinen Platz im Audimax setzte, wir hatten noch eine halbe Stunde Zeit, begann ich, einen Kugelschreiber nach dem anderen aus meinem Rucksack zu holen. Ich reihte sie säuberlich vor mir auf und nickte meinem Nebensitzer zu. »Ich geh auf Nummer sicher«, flüsterte ich. »Man weiß ja nie.«

Ein paar Wochen später erhielt ich einen Zulassungsbescheid, ich hatte den Aufnahmetest bestanden. Dank meiner neun Ersatzkugelschreiber.

Die nächste Etappe meiner missratenen Tournee durch deutsche Universitätsstädte sollte also Freiburg sein, die tibetanische Provinzhauptstadt im Schwarzwald. Dummerweise wurde gerade die Hochschullandschaft umgepflügt. Es war die Zeit, in der man in Deutschland damit begonnen hatte, die Universitäten umzubauen, aus Magister und Diplom sollten Bachelor und Master werden, man würde jetzt schneller studieren, effizienter, berufsorientierter. Man war dabei, den neuen Studenten zu schaffen. Der neue Student sollte ein echter Profi sein. Also das absolute Gegenteil von mir: Ein hoch motivierter und gut gelaunter Frühaufsteher, der gar nicht darauf warten kann, den Arbeitsmarkt zu erobern. In den Geisteswissenschaften hieß der Abschluss jetzt »Bachelor of Arts«. Oder kurz: BI-ÄI.

Wie es uns mit Menschen ergeht, die einem schon unsympathisch sind, wenn man nur ihren Namen hört, so kann es einem auch mit Studienabschlüssen gehen. So ging es mir mit dem BI-ÄI. Ich fand ihn von Anfang an komisch. Aber wahrscheinlich beruhte das auf Gegenseitigkeit.

Der BI-ÄI kam aus einer Welt, in der sich Vorstände einer Bank »Chief Risk Officer« oder »Chief Operating Officer« nennen. Orientierung sollten Studenten neuerdings nicht mehr bei der Studienberatung finden, sondern bei den »Career Services«. Die Hochschule wurden zur Partnerbörse: Arbeitnehmer trifft Arbeitgeber.

Über dieser Veränderung wachte in Freiburg Frau Anger aus dem Bachelor-Amt, die Peitsche schwingend alles vertreiben wollte, was einst Studenten ausmachte: Weltvergessenheit, Verschlafenheit, Alltagsunfähigkeit, langsames Sprechen. Meine Verbindung zu ihr sollte eng werden, sehr eng. Wir telefonierten beinahe täglich.

Viel Freude bereitete mir die Suche nach einem Nebenfach. Als Nebenfach wollte ich etwas Solides wählen. Etwas Bodenständiges mit Zukunft. Ich entschied mich für Islamwissenschaft.

Ich hatte zehn Kugelschreiber und einen Bleistift. Was sollte mir schon passieren?

MEINE TAGE MIT
LORD
VOLDEMORT

Ich kann gar nicht mehr genau sagen, wann sie in mein Leben getreten ist. Frau Anger war auf einmal da. Und sie blieb. Ihr gefiel es so gut in meinem Leben, dass sie gar nicht mehr gehen wollte. Sie war da, als ich morgens aufwachte. Sie blieb bei mir, wenn ich mittags in der Uni saß. Und nachts, wenn ich schlief, begleitete mich Frau Anger in meine Träume.

In Computerspielen gibt es ein Phänomen, das sich Endgegner nennt: Er baut sich vor einem auf, wenn man schon viele Prüfungen überstanden und viele Gegner besiegt hat. Oft hat er einen gepanzerten Rücken und Stacheln an den Armen. Er kann Feuer speien oder mit Blitzen schießen. Frau Anger vom Bachelor-Amt war so etwas wie der Endgegner. Sie musste der Endgegner sein, bei den Waffen, die sie hatte.

Bevor ich den Endgegner kennenlernte, erfuhr ich Geschichten über ihn, die man sich voller Ehrfurcht und Angst auf dem Campus erzählte. Ich hörte, wie Frau Anger im Morgengrauen Studenten zu sich ins Büro bestellte und ihnen vorhielt, wie unfähig sie doch waren. Ich hörte, dass sie auf hilflose Fragen, die immer gleiche Gegenfrage stellte: Ja, haben Sie denn die Prüfungsordnung nicht gelesen? Und ich hörte, dass Frau Anger einer schwangeren Studentin, die um ein Urlaubssemester gebeten hatte, einmal den sehr hilfreichen Hinweis gegeben haben soll, sie müsse eben darauf achten, wann sie die Beine breitmache. Zumindest diesen Vorwurf hatte ich nicht zu befürchten, das war das Positive.

Frau Anger hatte Talente, die sie in ihrem alltäglichen Umgang mit Studenten nur teilweise ausleben konnte. Sie hätte beispielsweise in den Verfilmungen von »Harry Potter« den Voldemort spielen können, es hätte ihr ewigen Ruhm eingebracht. Und vielleicht wäre sie auch die bessere Besetzung für Hannibal Lecter gewesen. Sie jedoch vergeudete ihr Talent, indem sie Freiburger Studenten das Fürchten lehrte. Aber vielleicht war das nur konsequent. Manche kamen an die Uni, um Mathematik oder Geschichtswissenschaft zu lehren. Sie war hier, um das Fürchten zu lehren. Und das machte sie mit großem Engagement. Nach ihren Lehrstunden wusste wirklich jeder, was Furcht ist.

Frau Anger war unausweichlich wie der Tod. Man kann den Tod verdrängen, verleugnen oder verschweigen. Aber irgendwann kommt er. So war das auch mit Frau Anger. Als ich das erste Mal von ihr hörte, beschloss ich, alles dafür zu tun, dass ich niemals mit ihr in Kontakt kommen würde. Vielleicht, so dachte ich, hatten sich ja alle vor mir nur dumm angestellt. Vielleicht musste man nur achtsam genug sein, um alle Fallen zu umgehen, die einem die Prüfungsordnung stellte. Diese Hoffnung erledigte sich an einem Mittwochnachmittag am Ende meines ersten Semesters in Freiburg.

Ich hatte versäumt, mich rechtzeitig für eine Klausur in Politikwissenschaft anzumelden. Seit zwei Tagen war die Frist verstrichen, und ich hatte keine Ahnung, was ich tun sollte. Also googelte ich: »Klausuranmeldung versäumt

Politikwissenschaft Uni Freiburg«. Ich hätte es besser lassen sollen. Es ist wie Krankheiten zu googeln: Man gibt die Symptome einer Grippe ein und denkt danach, man habe mindestens Malaria.

Alle Antworten, die ich fand, ließen keinen Zweifel daran, dass ich mit Frau Anger telefonieren musste. Auf Foren tauschten sich Studenten über die Frage aus, ob nicht doch irgendwie und irgendwo ein Weg zu finden war, Frau Anger zu umgehen. Die Antwort derjenigen, die schon mehrmals einen Besuch bei Frau Anger erlebt hatten, ich nannte sie die Überlebenden, war eindeutig. Sie lautete: Nein.

Ein erfahrener Student gab den Hinweis, man solle eher morgens anrufen. Morgens sei Frau Anger noch nicht so wütend wie mittags. Ein anderer Student riet dazu, sich vor dem Telefonat Fragen zu notieren, die man Frau Anger stellen wollte. Wort für Wort, unter größter Vermeidung aller Füllwörter. Denn wenn Frau Anger eines wütend mache, dann seien das stammelnde Studenten. Ich machte mir einen Kaffee, setzte mich an meinen Schreibtisch und starrte aus dem Fenster. Je länger ich dort saß und starrte, desto klarer wurde mir, dass es nur noch eine Lösung gab: Ich musste sofort mein Studium abbrechen. Immerhin hatte ich ein Semester durchgehalten. Vielleicht war jetzt der richtige Zeitpunkt gekommen, um weiterzuziehen. Abenteuer- und Erlebnispädagogik in Marburg, Archäologie der Griechischen, Römischen und Byzantinischen Welt in Göttingen, Bahnsystemingenieurwesen in Dresden, Brauwesen in München oder auch Zupfinstrumente in Köln. Es gab ja genügend Alternativen.

Aber dann hatte ich eine Idee, die umgehend meine Stimmung aufhellte. Eine geniale Idee, wie ich dachte. Ich ging davon aus, dass ich einen bisher unentdeckten Trampelpfad gefunden hatte, der mich auf die Lösung meines

Problems brachte, ohne durch das Büro von Frau Anger zu führen. Ich wollte so lange die letzten zwei Ziffern ihrer Telefonnummer ändern, bis ich bei einem Mitarbeiter im Bachelor-Amt herauskam, der mir helfen konnte. Die ersten beiden Anrufe endeten im Nichts. Als ich es ein drittes Mal versuchte, hörte ich ein Freizeichen. Es klingelte und klingelte und klingelte. Zehn Mal, fünfzehn Mal, zwanzig Mal. Dann nahm jemand ab.

»Bacheloramt, Müller. Was kann ich für Sie tun?«

Ich brachte kein Wort heraus. Ich war schockiert von der Freundlichkeit, die mir entgegenschlug. Ich hörte das süße Auf und Ab einer Frauenstimme. Das ist nicht das Bachelor-Amt, dachte ich. Das ist das Paradies.

Ich räusperte mich und schilderte mein Problem. Während ich sprach, gab mir Frau Müller mit verständnisvollen Lauten das Gefühl, dass nicht *ich* verrückt war, sondern die Prüfungsordnung. Als ich schilderte, wie ich die Frist zur Anmeldung versäumt hatte, versicherte mir Frau Müller, dass so etwas jedem einmal passieren könne. Und dass ich mir keine Sorgen machen solle, da ließe sich ein Weg finden, um das zu klären.

Ich wollte Frau Müller umarmen. »Vielen, vielen Dank«, sagte ich. Ich sah mich ins Ziel einlaufen, mit geballten Fäusten, Applaus, Schluchzen, Erleichterung. Jetzt würde es nur noch wenige Sekunden dauern, dachte ich. Jetzt musste Frau Müller nur noch ein geheimnisvolles Programm hochfahren, nach meinem Namen suchen und an der richtigen Stelle einen Haken setzen. Vorsichtig fragte ich nach, was jetzt noch zu tun sei.

»Haben Sie etwas zu schreiben?«, fragte Frau Müller. »Ich gebe Ihnen jetzt die Nummer einer Kollegin, die Ihnen gerne weiterhilft. Das ist die Frau Anger.«

Ich erstarrte. Es hallte in meinen Ohren nach. Frau Anger,

Frau Anger, Frau Anger. Ich brachte nichts heraus als ein stummes Ja. Ich kratzte Ziffer für Ziffer in das Papier, das vor mir lag. Der Kugelschreiber ächzte unter der Last meiner Hand. Alles wurde schwer. Die Luft wurde dick. Draußen zogen Wolken vor die Sonne. Vögel stürzten ab. Regen. Hagel. Schnee.

Mit letzter Kraft bedankte ich mich bei Frau Müller, die ihr Bestes gegeben hatte. Sie leistete mit sanfter Freundlichkeit Widerstand gegen die brutale Herrschaft der Prüfungsordnung. Aber mehr als freundlich sein konnte sie eben auch nicht. Sie wusste, dass alles bei Frau Anger anfing und alles bei ihr endete.

Ich riss das Papier, auf das ich die Nummer geschrieben hatte, vom Block und steckte es gefaltet in meine Hosentasche. Meine letzte Hoffnung war erloschen. Ich musste bei Frau Anger anrufen. »Ich werde es tun«, sagte ich in die Stille meines Zimmers. »Und ich werde stärker sein danach.«

Ich musste mich vorbereiten. Wenn ich Wort für Wort notierte, was ich fragen wollte, konnte mir nichts passieren. Ich riss das oberste Blatt meiner Schreibtischunterlage ab, zerknüllte es, strich über das neue Blatt und griff zu einem Kugelschreiber. Auf dem Kugelschreiber sah ich ein Smiley. Es zwinkerte mir zu. Mit Spiegelstrichen notierte ich mir zuerst die Fakten. Fach. Hochschulsemester. Matrikelnummer. Vorname. Nachname. Jetzt konnte ich immerhin schon sagen, wie ich hieß und seit wann ich studierte. Dann formulierte ich im Wortlaut meine Frage. Entscheidend war, dass ich in der Art, wie ich meine Frage stellte, zum einen Demut, zum anderen aber auch Entschlossenheit durchblicken ließ. Das hatte einer der Überlebenden geraten. Und ich musste signalisieren, dass ich die Prüfungsordnung kannte. Nach einer halben Stunde hatte ich meine Frage formuliert. Vor mir lag ein Schlachtplan, der nur darauf wartete, ausgeführt zu werden. Es gab keine Ausreden mehr.

Ich zog das Papier aus meiner Hosentasche, auf das ich Frau Angers Nummer notiert hatte, und faltete es auf. Das Papier lag vor mir, und ich starrte es an. Ganz so, als löste es sich auf, wenn ich es nur lange genug anguckte. Und mit ihm mein Problem. Nach fünf Minuten hatte sich weder das Papier noch mein Problem aufgelöst. Ich griff zum Telefon und wählte Frau Angers Nummer, Ziffer für Ziffer.

Beim ersten Mal gab ich absichtlich eine falsche Nummer ein, um ein paar Sekunden Aufschub zu erreichen.

Beim zweiten Mal gab ich die richtige Nummer ein, aber legte nach dem ersten Freizeichen auf.

Beim dritten Mal hielt ich das erste Freizeichen aus, duuuut, das zweite, duuuut, das dritte, duuuut; bis ich nach dem vierten Freizeichen ein Knacken hörte, darauf ein kurzes Rauschen. Und dann eine Stimme.

Ihr Name peitschte durch die Leitung wie ein Revolverschuss, schnell und scharf. Mir war es, als roch ich Schwarzpulver. Sie sagte nichts außer ihrem Namen. Warum sollte sie auch mehr sagen. Ihr Name sagte alles.

»Anger!«

Dann war es still. Ich hörte Vögel singen. Ich hörte Autos und schreiende Kinder. Draußen war alles friedlich. Die Welt ließ mich in meiner Verzweiflung allein. Ich richtete meinen Blick auf den Schlachtplan. Name. Fach. Matrikelnummer. Hochschulsemester. Ich wusste nicht, womit ich anfangen sollte. In diesem Moment, Sekundenbruchteile nachdem sie ihren Namen gesagt hatte, verlor Frau Anger die Geduld.

»Haben Sie vor, noch etwas zu sagen, oder rufen Sie an, um ein bisschen mit mir zu schweigen?«, fragte sie.

Das Gespräch dauerte erst elf Sekunden, und ich hatte es schon versaut. Ich nannte meinen Namen und meine Matrikelnummer. Worauf mich Frau Anger mit der Frage unterbrach, ob ich plane, meine gesamte Lebensgeschichte zu erzählen. Ich verneinte. Worauf sie mir erklärte, dass es sich um eine rhetorische Frage gehandelt habe. Und rhetorische Fragen beantwortet man nicht. Weil ich nicht wusste, wie ich reagieren sollte, las ich ihr meine Frage vor, ohne vom Schlachtplan abzuweichen, Wort für Wort. Als ich fertig war, hörte ich nichts als ein Schnaufen, ein schweres Ein- und Ausatmen. Und dann folgte jener Satz, vor dem mich alle gewarnt hatten.

»Kennen Sie die Prüfungsordnung?«, fragte Frau Anger. Blitzschnell analysierte ich die Situation. Ich hatte exakt zwei Antwortmöglichkeiten: »Ja« und »Nein«.

Falls ich mit Ja antworten würde, hätte ich mit hoher Wahrscheinlichkeit die Nachfrage zu erwarten, warum ich dann anrief. Schließlich stehe die Antwort doch in der Prüfungsordnung. Falls ich verneinte, würde mir Frau Anger unmissverständlich deutlich machen, dass es grundsätzlich keine gute Idee sei, sie zu kontaktieren ohne tiefere Kenntnis der Prüfungsordnung. Als tiefere Kenntnis verstand sie nicht weniger als das Auswendiglernen aller Paragrafen und die Fähigkeit, in jeder Situation im Wortlaut aus ihnen zitieren zu können. Mit anschließender Auslegung. Die im besten Fall nicht mehr als einen Millimeter von dem abwich, wie die Schöpferin der Prüfungsordnung selbst, Frau Anger, die betreffenden Paragrafen auslegen würde.

Wahrheitsgemäß antwortete ich mit »Ja« und duckte mich angesichts des Unwetters, das zu erwarten war. Frau Anger befahl mir, sie am nächsten Tag um 7.15 Uhr in ihrem Büro aufzusuchen. Ich beeilte mich, ihr mein tiefes Einverständnis mitzuteilen. Worauf sie eine fröhliche, beinah singende Verabschiedung anschloss, die meine Angst vor dem kommenden Tag noch größer werden ließ.

»Tschüühüüß«, sagte sie im beschwingten Ton einer Großtante, die ich nach Jahren der Stille mal wieder mit einem Anruf überrascht hatte. Zu überrumpelt, um Worte zu finden, schwieg ich und hörte dem gleichmäßigen Tuten zu, das sich anschloss. Sie hatte aufgelegt. Der Geruch von Schwarzpulver verzog sich. Meine Knie waren weich. Ich hatte in den letzten zweieinhalb Minuten einen Initiationsritus erlebt, der mich zum vollwertigen Mitglied einer Schicksalsgemeinschaft machte, die verbunden war durch Angst, Wut und Schauergeschichten. Ich gehörte jetzt dazu.

Ich suchte im Internet nach einem geeigneten Weg zu Frau Angers Büro und machte mir sicherheitshalber Notizen. Sie residierte in einem Haus, das sich »Hintergebäude« nannte, was ich als unmissverständlichen Hinweis las, dass sich Frau Anger auf der dunklen Seite der Macht bewegte. In meiner Vorstellung erschien ein efeuumranktes Tor, über dem sich Tag und Nacht dunkle Wolken ausregneten.

Am nächsten Morgen wurde mir klar, dass ich in meiner Phantasie untertrieben hatte. Es war alles viel schlimmer. Die Fenster waren tiefer, der Efeu dichter, die Wolken dunkler, die Bäume schwerer als in meiner Vorstellung. Irgendwo unter dem Efeu erahnte ich ein Namensschild: Hier lebt und arbeitet Lord Voldemort. Ich zog eine Tür aus schwerem Holz auf, mein Kopf dröhnte vor Müdigkeit. Der Tag war jung. Dunkle Wolken überlagerten den Aufgang der Sonne, dicke Regentropfen fielen vom Himmel. Die Tür knarzte, wie Türen immer zu knarzen beginnen, wenn es gruselig wird. Knarzende Türen sollte man ernst nehmen. Sie sind meistens eine Warnung: Renn weg, so schnell du kannst, hier passieren gleich grausame Dinge.

Einen Moment lang überlegte ich, ob ich der Warnung

folgen sollte. Aber da ich voller Adrenalin war, zog ich es vor, mich todesmutig der nahenden Gefahr entgegenzuwerfen. Ich war bereit, für die Sache der Faulheit zu sterben. Man würde mich jahrzehntelang als Märtyrer verehren.

Unaufhaltsam setzte ich einen Fuß vor den anderen, Stufe für Stufe. Es war 7.14 Uhr. Ich war weder zu früh noch zu spät. Durch das Treppenhaus wehte ein kalter Wind. Es kam mir vor, als hörte ich ihre Stimme. Sie peitschte durch die Gänge wie die Schüsse eines Revolvers. Noch sieben Stufen lagen vor mir, wenn ich jede Stufe in Normalgeschwindigkeit nahm, würde ich auf die Sekunde pünktlich vor Frau Angers Büro stehen, das Hemd gebügelt und in die Hose gesteckt, die Schuhe poliert, die Haare gekämmt. Um 7.15 Uhr stand ich vor einem Büro, dessen Tür weit offen stand. Ein Namensschild neben dem Türrahmen ließ keinen Zweifel daran, dass ich vor dem Büro von Frau Anger stand.

Ich wusste nicht, was ich tun sollte. Blitzschnell analysierte ich die Möglichkeiten. Sollte ich an den Türrahmen klopfen und auf die Erlaubnis warten einzutreten? Sollte ich auf einem Stuhl vor dem Büro Platz nehmen und warten, bis mich Frau Anger aufrief? Oder sollte ich einfach hineingehen, freundlich grüßen und mich vorstellen?

Bevor ich mich entscheiden konnte, durchschnitt ein scharfer Schrei meine Gedanken.

»Herr Dachsel, was machen Sie da?«, fragte Frau Anger. Sie hatte, neben vielen anderen Talenten, offenbar die Fähigkeit, um die Ecke zu gucken. Ich machte einen Schritt über die Türschwelle und hob meine Hand unentschlossen zum Gruß.

»Guten Morgen«, sagte ich. Frau Anger saß hinter einem schweren Schreibtisch. Ihre blonden Haare waren spitz wie die Stacheln eines Igels. Mit einer Handbewegung bedeutete sie mir, näher zu kommen. Mit der flachen Hand zeigte sie auf einen Stuhl, der vor ihrem Schreibtisch stand. Ich stellte meinen Rucksack ab und setzte mich.

»Wir haben telefoniert«, sagte ich.

»Ich weiß, dass wir telefoniert haben«, sagte sie.

»Ich heiße Felix Dachsel«, sagte ich.

»Ich weiß, wer Sie sind«, sagte Frau Anger.

»Ich habe vergessen, mich für meine Klausur anzumelden«, sagte ich.

Frau Anger sah auf.

»Und jetzt?«, fragte sie.

Es war eigentlich die Frage, die ich stellen wollte. Sie schwieg und sah mich an. Ich sah zurück und schwieg ebenfalls. Der Showdown: Wir sahen uns in die Augen und schwiegen. Hallo Endgegner. Sie hätte die Nerven gehabt, das mehrere Stunden durchzuhalten. Ohne ein einziges Mal zu blinzeln. Ich aber gab nach einigen Sekunden auf.

Ich kannte nun Frau Anger. Und sie kannte mich.

Sie zeigte mir einen Weg aus meinem Problem. Es war ein steiniger Weg. Aber immerhin war es ein Weg. Gebeugt verließ ich ihr Büro. Vielleicht war sie gar nicht so schlimm, dachte ich.

Vielleicht war Frau Anger nur ein Mensch mit sehr schlechter Laune.

Und dass man an der Uni schlechte Laune bekommen kann, das verstand ich vollkommen. Plötzlich hatte ich Verständnis für Frau Anger, beinahe empfand ich Sympathie. Aber wahrscheinlich war ich nur glücklich, dass ich es überstanden hatte.

Das musste die Euphorie des Überlebenden sein.

ZAHNSEIDE, MEIN TREUER BEGLEITER

Im Laufe eines Lebens bekommt man viele Fragen gestellt. Gute Fragen, dumme Fragen, schlaue Fragen, überflüssige Fragen, kurze Fragen, lange Fragen. Auf manche weiß man eine Antwort, auf andere nicht. Die meisten vergisst man. Aber an manche Fragen wird man sich immer erinnern können. Ich zum Beispiel werde mich ewig an die unnachahmliche Prägnanz und funkelnde Schönheit einer Frage erinnern, die mir einst eine Zahnarzthelferin in Freiburg stellte.

»Ist Zahnseide Ihr treuer Begleiter?«, fragte sie mich. Ich lag mit geöffnetem Mund vor ihr.

Ich hatte mich überwunden, einen längst fälligen Zahnarztbesuch anzutreten. Unsicher hatte ich eine versteckte Villa in Freiburgs Westen betreten. Es roch nach Desinfektionsmittel, und aus dem Radio kamen die besten Hits der Neunziger. Das ist übrigens, nebenbei bemerkt, ein Naturgesetz: Immer wenn ich eine Zahnarztpraxis betrete, läuft gerade Bruce Springsteen oder Shania Twain. Mein Soundtrack zur Karies heißt »That don't impress me much« und stammt aus dem Jahr 1997.

Man hatte mich zu einer Zahnreinigung überredet. Und jetzt lag ich vor einer Helferin in weißen Birkenstock-

Schlappen und riss meinen Mund auf, so weit ich konnte. Unter keinen Umständen wollte ich mir mangelnde Mitarbeit vorwerfen lassen.

Die Helferin blickte in meinen Mund. Es fühlte sich an, als guckte sie in meinen Kopf.

Ihr Gesichtsausdruck sagte mir, dass ich mit meinen Bemühungen um weiß leuchtende Zähne in Rückstand geraten war. Und dann fragte sie mich, ob Zahnseide mein treuer Begleiter sei. Sie hätte fragen können, ob ich Zahnseide benutze oder besitze. Aber das war ihr offenbar zu schwach.

»Nein«, sagte ich.

»Zahnseide sollte Ihr treuer Begleiter sein«, sagte sie. Mir gefiel die Formulierung »treuer Begleiter«. Sie suggerierte eine Einvernehmlichkeit zwischen mir und der Zahnseide. Es klang so, als konnte ich mich nicht einseitig für die Benutzung von Zahnseide entscheiden. Es musste, so klang das, eine Zusammenarbeit auf Augenhöhe sein. Ein Geschäft zwischen zwei gleichberechtigten Partnern, die sich Treue versicherten. Der Zahnseide und mir. Man könnte sagen: Die Helferin gab der Zahnseide ihre Würde zurück.

»Putzen Sie von Hand?«, fragte die Zahnarzthelferin weiter.

»Ja«, sagte ich.

»Das sieht man«, sagte sie.

Ich schluckte. Beziehungsweise: Ich wollte schlucken. Aber genau in diesem Moment steckte mir die Zahnarzthelferin einen röchelnden Schlauch in den Mund.

»Ich empfehle Ihnen eine elektrische Zahnbürste«, sagte sie. Sie schwöre seit fünfzehn Jahren auf »ihre Elektrische«, wie sie das Gerät respektvoll nannte. Auch ihr Mann und ihr Sohn würden auf elektrische Zahnbürsten schwören. Auch *er* würde auf eine elektrische Zahnbürste schwören. Sie neigte ihren Kopf Richtung Flur. Sie meinte offenbar ihren Chef.

Ich nickte. Mir gefiel ihre Formulierung.

Ich stellte mir vor, wie ihre Familie eines Tages im Badezimmer, mit gehobener Hand, einen Eid abgelegt hatte: »Wir schwören auf die elektrische Zahnbürste.« Und ich fragte mich, ob ich jemals die Chance haben würde, mein Gebiss in einen Zustand zu versetzen, mit dem jeder Zahnarzt dieser Welt zufrieden wäre.

Wahrscheinlich eher nicht.

Gäbe es eine Castingshow mit dem Titel »Zähne zeigen«, würde ich in der ersten Runde rausfliegen. Juror 1 würde rufen: »Da strahlt ja überhaupt nichts.« Juror 2 würde mir vorwerfen, dass mir der Biss fehle. Und Juror 3 würde mir in verständnisvollem Ton empfehlen, über die Anschaffung einer elektrischen Zahnbürste nachzudenken. Dann stünde mir auch eine strahlende Zukunft bevor. Er glaube an mich.

Nach der Zahnreinigung hielt mir die Helferin einen Spiegel vors Gesicht, ich sollte meinen Mund öffnen und selbst sehen, was sich getan hatte.

»Und?«, fragte sie.

»Schön«, sagte ich.

»Tja«, sagte sie.

Zum Abschied rief sie mir hinterher, ich solle immer schön putzen, sie ahmte dabei eine Zahnputzbewegung nach. Ich fühlte mich sehr neunjährig. Jetzt darf ich mir noch einen Aufkleber raussuchen, dachte ich. Aber ich musste ohne Aufkleber gehen.

Ein paar Tage später ging ich zum Friseur. Ich hatte meine Haare, wie immer, besinnungslos wachsen lassen, und jetzt hingen sie mir in die Augen. Hinter meinen Haaren war immer Nacht. Beim Friseur roch es nach Shampoo, und aus dem Radio kamen die besten Hits der Neunziger. Als ich auf dem Stuhl saß, etwas aufrechter als beim Zahnarzt und mit geschlossenem Mund, fuhr mir der Friseur mit gespreizten Fingern durch die Haare. Er schüttelte den Kopf.

»Sie waren schon länger nicht mehr hier«, sagte er. »Da muss richtig viel runter.«

Ich nickte. »Da muss richtig viel runter«, sagte ich. Während Strähne für Strähne auf den Fußboden fiel, erklärte er mir, warum es sinnvoller sei, sich in kurzen Abständen die Haare schneiden zu lassen, anstatt immer zu warten, bis man nicht mehr aus den Augen sehen könne. Ich versprach, mich in Zukunft regelmäßiger blicken zu lassen.

Einen Tag später stand ich unter der Dusche, ich musste zur Uni und war in Eile. Doch das Wasser floss nicht ab, es stieg höher und höher, bis es den Rand der Wanne erreicht hatte. Mit einem Schraubenzieher stocherte ich im Abfluss. Doch das half nicht. Ich suchte die Nummer eines Sanitärfachmanns. Als er sich über den Abfluss beugte, schüttelte er den Kopf.

»Oje, oje«, sagte er. »Da hätten Sie mich früher rufen müssen.«

Am Nachmittag, das Wasser floss wieder störungsfrei ab, meine Haare waren in annehmbarer Länge und meine Zähne einigermaßen weiß, klingelte mein Handy. Es war mein Internetanbieter. Ich hörte die Stimme einer jungen Frau.

»Sie surfen mit verminderter Geschwindigkeit«, sagte sie. Ihre Stimme klang, als müsse sie mir eine Todesnachricht überbringen.

»Okay«, sagte ich.

»Sie surfen mit 50 Prozent und können mit 100 Prozent surfen«, sagte sie. Da ich ihr auf dem Feld der Prozentrechnung nichts entgegenzusetzen hatte und keine Sehnsucht nach Hochgeschwindigkeit verspürte, halbe Geschwindigkeit war ganz gut, wollte ich das Gespräch freundlich beenden.

»Einen Moment noch«, sagte sie und rechnete mir vor, wie viel Zeit verloren ging, während ich mit 50 Prozent statt mit 100 Prozent surfte. Jeden Tag ginge mir im Schnitt eine halbe Stunde verloren. Das seien in der Woche dreieinhalb Stunden.

Ich wusste nicht, was ich sagen sollte. Im Prinzip hatte sie recht. Ich hatte mich in letzter Zeit kaum um die Optimierung meines Internettarifs gekümmert: Diesen Vorwurf musste ich gelten lassen. Sie versprach, mir per Mail ein Angebot zukommen zu lassen. Den neuen Tarif könne ich dann bequem im Internet aktivieren. Sie kannte mich offenbar besser, als ich dachte. Das Wort »bequem« war für mich ein Schlüsselreiz. Zum Abschied versicherte ich ihr, das Angebot gewissenhaft zu prüfen, und dankte ihr für den Anruf. Ich wollte freundlich sein, da ich den Verdacht hatte, dass der Fehler auf meiner Seite lag.

Es gibt keine Vollendung, dachte ich. Plötzlich kam mir das Leben vor wie die Bemühung, einem undichten Dach während eines Regensturzes mit Eimern zu begegnen: Man rennt, die Eimer in der Hand, von undichter Stelle zu undichter Stelle, ohne tatsächliche Chance, jemals so schnell zu sein wie der sich ausbreitende Dachschaden.

Die Probleme sind immer einen Schritt voraus. Die Zähne werden schneller schmutzig, als man sie putzen kann. Die Haare wachsen schneller, als man sie schneiden kann. Und wenn man es ernst meint mit der Verstopfungsprävention, sollte man mindestens zweimal am Tag den Sanitärfachmann bestellen.

So ist es im Kleinen, im Alltag zwischen Haareschneiden, Zähneputzen und Abflussreinigen. Und so ist es im Großen. So war es auch in meinem Studium: Ich rannte hinterher.

Wobei rennen in meinem Fall eine Übertreibung ist. Das Problem am Bachelor war, dass die Geschwindigkeit zunahm. Ich musste jetzt noch schneller hinterherrennen. Der Regen wurde stärker, das Dach hielt kaum stand. Das Wohnzimmer stand unter Wasser, und ich stapfte durch aufgeweichte Leitz-Ordner. So fühlte sich das an.

Der Imperativ, mit dem ich mich in Alltag und Uni konfrontiert sah, hieß: Überwinde deine Unvollkommenheit.

Wobei es in der Natur der Unvollkommenheit liegt, dass man sie nicht überwinden kann. Aber genau das ist der Motor: Man versucht, etwas zu erreichen, das nicht zu erreichen ist. Es ist der hoffnungslose Versuch, dem schlechten Gewissen zu entkommen, man strenge sich nicht ausreichend an. Das schlechte Gewissen und die Scham über die eigene Unvollkommenheit waren das neue Bachelor-Gefühl.

Inzwischen benutze ich übrigens Zahnseide. Sie ist beinahe zu meinem treuen Begleiter geworden.

KEIN KRIEG FÜR
AUBERGINEN!

Wer es sich leicht machen will, den einfachsten Weg durch das Bachelor-Studium sucht, ungern Jahreszahlen auswendig lernt und wenig übrig hat für komplizierte Sprachen, der sollte Islamwissenschaft eher nicht studieren. Diesen Satz hätte mir mal jemand sagen sollen.

Und zwar bevor ich mich in diesen Hörsaal setzte und der Dozentin dabei zusah, wie sie Häkchen, Striche und Punkte an die Tafel malte. Diese Häkchen, Striche und Punkte waren eine Sprache. Und diese Sprache hieß Arabisch.

In der Schule hatte ich gelernt, dass Sprachen aus Regeln und Ausnahmen bestehen. Jetzt lernte ich, dass es Sprachen gab, die eine einzige Ausnahme waren. Man kann also sagen: Wer es sich leicht machen will und wenig übrig hat für komplizierte Sprachen, der sollte Arabisch eher nicht lernen. Obwohl man ebenso sagen könnte: Wer früher Schwierigkeiten in Naturwissenschaften hatte, sollte unbedingt Arabisch lernen. Er wird merken, dass es etwas gibt, das man noch weniger verstehen kann als Physik.

Ich saß also in einem Hörsaal der Universität Freiburg, es war die erste Woche meines zweiten Studiums, und sah Striche. Für sich genommen, gefiel mir das Tafelbild. Kreidestaub, von der Hand des Zufalls auf einem Rechteck verteilt.

Aber die schlechte Nachricht war: Ich sah kein Kunstwerk. Das war eine Sprache. Und Sprachen muss man lernen. Ich erinnerte mich an meine Schulzeit. An den Französischunterricht. Vokabeln lernen war das eine: konnte sehr unangenehm sein, war aber auf angenehme Weise stupide. Das andere war die Grammatik. Die französische Sprache beispielsweise hält ein Folterinstrument bereit, das sich »subjonctif« nennt. Gesprochen: Sübschonkgtiief. Mein Verdacht ist, dass der »subjonctif« erfunden wurde, um deutsche Kinder zu quälen. Kinder, wie ich eines war. Ich habe bis heute nicht verstanden, was der »subjonctif« eigentlich ist. Da ist mir die französische Sprache noch eine Erklärung schuldig.

Später musste ich dann schockiert feststellen, dass auch die spanische Sprache deutsche Kinder quälen will. Was im Französischen der »subjonctif«, ist im Spanischen der »subjuntivo«. Gesprochen: Subchuntiwo. Das Bösartige am »subjonctif« (und ebenso am »subjuntivo«) ist, dass er den sowieso schon ausufernden Konjugationsmöglichkeiten in den unterschiedlichen Zeitformen noch weitere Möglichkeiten hinzufügt. Das klingt kompliziert, ich weiß. Das tut mir leid. Ich verstehe es ja selbst nicht.

Als ich in der neunten Klasse an einem deutsch-französischen Austauschprogramm teilnahm und am ersten Abend mit meiner Gastfamilie am Tisch saß, alle waren noch etwas schüchtern und vorsichtig, gerade begann die Gastmutter Nachtisch aufzutragen, fragte ich in die Runde, wozu eigentlich der »subjonctif« gut sei. Die Gastfamilie zuckte mit den Schultern und lachte. Es war der Moment, in dem der »subjonctif« seinen Schrecken verlor. Verstanden hatte ich ihn aber noch immer nicht.

Was das Erlernen der französischen Sprache erleichterte, war der Umstand, dass ich, bis auf wenige Ausnahmen, keine neuen Buchstaben lernen musste. Das ist das Demotivierende am Arabischlernen. Man sieht die Schriftzeichen und will sofort aufgeben. Es fühlt sich an, als ob man vor einem Club steht und der Türsteher sagt: Du kommst hier nicht rein. Keine Chance. Vergiss es.

Sechs Wochen lang starrte ich an die Tafel und sah der Dozentin dabei zu, wie sie Häkchen, Striche und Punkte an die Tafel malte.

Dann gab ich auf.

Ich wollte eine Sprache lernen mit leichter Aussprache und einfacher Grammatik. Ich entschied mich für Türkisch. Im Sprachkurs lernte ich ein Sprichwort. Auf Deutsch übersetzt heißt es: »Nichts ist so schlecht, dass es nicht zu irgendetwas taugt.« Ich hatte das Motto meines Studiums gefunden.

Das eigentliche Abenteuer, das ich mit meinem Nebenfach Islamwissenschaft erlebte, war aber eine Vorlesung, die den Titel »Geschichte und Geografie der Islamischen Welt« trug.

Grob kann man sagen: In der Geschichte des Islam ist das eine oder andere passiert.

Ich ging in einen Buchladen und kaufte mir, wie empfohlen, den »Atlas zur Geschichte des Islam«. Zu Hause schlug ich ihn auf. Auf der ersten Seite las ich ein Zitat. »Die Menschen sind Feinde dessen, was sie nicht kennen.« Es stammt von Ali ibn Abi Talib, einem der ersten Gefolgsleute Mohammeds.

Ich blätterte durch den Atlas. Ich sah bunt eingefärbte Karten, einen Stammbaum Mohammeds, Skizzen eines Palasts, Tabellen. Ich atmete tief ein und aus. Vor mir lag nicht weniger als eine Weltreligion. Aber es versprach, spannend zu werden: Feldzüge, Schlachten, Eroberungen. Alles dabei.

Das Christentum hat das ja nicht durchgängig zu bieten.

Ich bin mit einer Religion aufgewachsen, die ihren Anhängern als *den* großen Höhepunkt die Kreuzigung ihres Messias anbietet. Zugegeben: Das ist relativ spannend. Vor allem der Kniff mit der Auferstehung. Wie Jesus da noch mal zurückkommt. Das ist sicherlich einmalig. Aber wenn man die Geschichte schon kennt, ist da die Luft raus. Spätestens beim dritten Mal bleibt man entspannt, während Jesus ans Kreuz genagelt wird. Weil man weiß: Leute, er wird jetzt erst mal sterben. Dann ruht er sich drei Tage aus. Und dann kommt er zurück.

Spannend sind natürlich die Kreuzzüge. Und ausgerechnet über die haben wir kaum gesprochen im Konfirmationsunterricht.

Die Vorlesung hielt ein sympathischer Schwabe mit grauen Haaren, der alle Stämme, die im weitesten Sinne an der Geschichte des Islam beteiligt waren, in Schildkrötengeschwindigkeit vorstellte. Da gab es zum Beispiel die Sarazenen. Oder, schildkrötenschwäbisch ausgesprochen: die sAArAAzÄÄnen.

Die Sarazenen haben im 9. Jahrhundert eindrucksvoll Sizilien erobert. Sizilien war beliebt. Denn auf Sizilien gab es Zitrusfrüchte, Baumwolle, Zuckerrohr, Dattelpalmen, Maulbeerbäume, Oliven, Artischocken, Auberginen, Melonen, Gerste, Weizen und Papyrus. Für eines dieser Dinge Krieg zu führen, zum Beispiel ausschließlich für Auberginen, wäre sicherlich übertrieben gewesen. Für so etwas bekommt man keine Mehrheit im Volk, weder damals noch heute. Man provoziert Demonstrationen unter dem Motto »KEIN KRIEG FÜR AUBERGINEN!«. Aber wenn man all das auf einen Schlag haben kann – warum nicht.

Gegnern dieses Feldzugs wäre es schwergefallen, Transparente zu malen mit der Aufschrift: »KEIN KRIEG FÜR ZITRUSFRÜCHTE, BAUMWOLLE, ZUCKERROHR, DATTEL-

PALMEN, MAULBEERBÄUME, OLIVEN, ARTISCHOCKEN, AUBERGINEN, MELONEN, GERSTE, WEIZEN UND PAPYRUS!«

Also machten sich die Sarazenen auf nach Sizilien. Wobei man erwähnen muss, was zuvor im Jahr 800 in Tunis passierte. Ich fasse das mal kurz zusammen.

Im Jahr 800 lehnt sich dort das Heer, die Sarazenen, gegen den abbasidischen Statthalter auf. Was die Abbasiden sind, das schlagen Sie bitte selbst nach. Der Statthalter der benachbarten Region, Ibrahim Ibn Aghlab, eilt herbei und schlägt den Aufstand nieder. Daraufhin wird er von Harun ar-Raschid zum Gouverneur gemacht. Voller Freude begründet er die Dynastie der Aghlabiden. Das will sich das Heer nicht gefallen lassen. Zweiundzwanzig Jahre später rebelliert es ein zweites Mal. Doch da eilen die Berber herbei und schlagen den Aufstand nieder. Damit das Heer endlich Ruhe gibt, wird es vom Emir nach Sizilien geschickt. Sollen sie sich da austoben. Der Emir schickt die nervenden Sarazenen auf die Wuttreppe. Da machen sie dann richtig Rabatz.

Palermo, Gagliano, Messina. Die Sarazenen erobern alles, was ihnen in die Quere kommt. Aufgepeitscht von der unendlichen Sehnsucht nach Datteln, stürmen sie 964 die letzte Bastion der Christen, die Stadt Rometta. Dann folgt ein Jahrhundert der Stille und des Wohlstands auf Sizilien. Die Sarazenen ernten Oliven und erfreuen sich an den saftigen Auberginen. Und weil man so viel Freizeit hat, entwickelt man neue Bewässerungstechniken.

Als dann die Normannen im 11. Jahrhundert auf der Insel landen, gibt es wieder Rabatz auf Sizilien. Aber so läuft das in der Weltgeschichte. Man gewinnt, man verliert. Immer hat man Stress. Die größte Demütigung für die Sarazenen folgt aber knapp tausend Jahre später. Ihr Stammesname hat sich inzwischen in der deutschen Sprache zu einem Nachnamen entwickelt, den Namen Sarrazin. Zur Schande der Sarazenen macht im Jahr 2010 ein Politiker namens Thilo Sarrazin Karriere als dümmster Sozialdemokrat aller Zeiten. Aber das nur als Fußnote. So viel zu den Sarazenen.

Angetan haben es mir auch die Seldschuken. Als ich das erste Mal in der Vorlesung von ihnen hörte, dachte ich, Seldschuken seien etwas zu essen. Zu gut konnte ich mir vorstellen, wie jemand im türkischen Supermarkt fragt: »Entschuldigung, haben Sie noch etwas von diesen leckeren Seldschuken da?«

Zumal mir später die »Rum-Seldschuken« begegneten. Die Rum-Seldschuken lebten im elften Jahrhundert und verstanden sich als Erben der byzantinischen Römer – daher ihr Name.

»Entschuldigung, haben Sie noch etwas von diesen leckeren Seldschuken da?«

»Diese Woche kann ich Ihnen nur Rum-Seldschuken anbieten, mein Herr.« Auch dieser Dialog ist denkbar.

Jedenfalls erlebten die Seldschuken ab dem 10. Jahrhundert einen bemerkenswerten Aufstieg. Das lief dann ungefähr so, ich zitiere aus dem »Atlas zur Geschichte des Islam«: »992 nehmen die Qarachaniden im Bündnis mit den Ghaznawiden den Samaniden Traxonien ab; die Seldschuken treten dann daraufhin in die Dienste der Qarachaniden«.

Man kann es sich lebhaft vorstellen.

Ich vermute, das Geheimrezept der Qarachaniden und Ghaznawiden war ihr komplizierter Name. Für Gegner ist es beispielsweise viel leichter zu rufen »Achtung, die Russen kommen!« als »Achtung, die Qarachaniden und die Ghaznawiden kommen!«. Während man diesen Satz gerufen hat, haben die Qarachaniden und die Ghaznawiden Traxonien längst überrannt.

Die Seldschuken haben ihren Namen übrigens vom legendären Stammesführer Seldschuk, dem Stammvater der Turkmenen. Er hatte Enkel, auf die er stolz sein konnte. Sie hießen Togril und Tschagri. In den Jahren 1035 bis 1039 hängen sich die beiden richtig rein. Sie erobern eine komplette Provinz. Und im Jahr 1055 zieht Togril sogar in Baghdad ein. Er nennt sich jetzt »Sultan des Ostens und des Westens«.

Aber es hilft alles nichts.

Ab 1092 beginnt der Niedergang des Großseldschukenreichs. Im Vorbeifahren nehmen die Kreuzfahrer den Seldschuken Teile von Kleinasien, Syrien und Palästina ab. Wenn Togril und Tschagri das gewusst hätten, vielleicht hätten sie dann eher Auberginen angebaut, statt Krieg zu führen.

Es folgt ein einziges Kommen und Gehen. Mongolen, Abbasiden, Safawiden, Osmanen. Es wird kreuz und quer geritten und marschiert. Es wird gemordet, überrannt und gemetzelt.

Ich erzähle das, weil es zeigt, dass Anstrengung, über einen längeren Zeitraum betrachtet, oft überflüssig ist. Lasst die Faulen regieren. Dann gibt es weniger Tote.

Die Eroberungen verloren jedoch ihren Schrecken, wenn mein Professor von ihnen erzählte. Wenn ein Schwabe über Kriege spricht, dann klingt jeder Feldzug wie ein freundlicher Besuch. Und so klang mein Professor, während er über Brudermorde, Polytheisten und Thronstreitigkeiten dozierte wie Horst Köhler bei einer Weihnachtsansprache.

Ich lehnte mich zurück und lauschte den Geschichten von Aufstieg und Fall. Ich legte mir Vokabellisten an mit arabischen Begriffen, die zum Verständnis der Vorlesung notwendig waren. Zum Beispiel notierte ich mir den Begriff Ghazwa; Raubzug. Von ihm stammt das heutige Wort Razzia ab.

Ich begann, Dinge zu verstehen; was Schiiten von Sunniten unterscheidet und warum Istanbul einmal Konstantinopel hieß. Und vor allem verstand ich, warum Lernen schön ist.

Schön sein kann.

Manchmal schön sein kann.

In Ausnahmefällen.

LUHMANNIANER ÜBER NACHT

Manchmal, wenn ich gerade herumlungere und nichts tue, mache ich mir Gedanken über Paul Breitner. Paul Breitner ist Chefscout beim FC Bayern München, ehemaliger Nationalspieler, und war in den Siebzigerjahren mal Maoist. Jedenfalls liest man das, wenn man sich über Paul Breitner informiert.

Von damals gibt es ein Bild, das Paul Breitner, die »Peking Rundschau« lesend, vor einem Porträt von Mao Zedong zeigt. Auch Jürgen Trittin von den Grünen war mal Maoist. Und Ulla Schmidt von der SPD, die ehemalige Gesundheitsministerin, ebenfalls.

Ich frage mich, wie das damals ablief. Ob Paul Breitner, irgendwann in den Siebzigern, aufgewacht ist und gespürt hat, dass an diesem Morgen etwas anders war als sonst. Und ob er dann, mit wirren Haaren, ins Bad geschlurft ist und vor dem Spiegel bemerken musste, was über Nacht passiert war. Und ob er dann einen Freund angerufen hat.

»Du, ich muss dir etwas sagen. Ich bin Maoist.«

»Was? Maoist? Seit wann?«

»Seit heute Morgen. Ich habe es gerade erfahren.«

Ich kenne keine Maoisten. Ich glaube, dass die Wahrscheinlichkeit, sich als junger Mensch in einen Maoisten zu verwandeln, heute relativ gering ist. Höher ist allerdings die Wahrscheinlichkeit, sich in einen Luhmannianer zu verwandeln. Ich kann das nicht mit Zahlen belegen. Wer Zahlen will, müsste bei irgendeiner Behörde nachfragen. Gesundheitsministerium. Verteidigungsministerium. Verfassungsschutz. Keine Ahnung. Ich stütze mich allein auf meine Erfahrung.

In meinem Studium in Freiburg habe ich mit meinen eigenen Augen gesehen, wie sich junge Menschen über Nacht in Luhmannianer verwandelt haben.

Es begann mit einer Vorlesung in Politikwissenschaft. Sie hieß »Einführung in Geschichte und Entwicklungslinien politischer Theorien«. Platon, Aristoteles, Hobbes und Locke. Es ging um Besitz, Macht und Herrschaft. Ich fertigte Mitschriften an, die ich in meiner Wohnung an drei sicheren Orten verwahrte: hinter meinem Schrank, unter meinem Sofa und in der Küche.

Wir dämmerten so vor uns hin, Woche für Woche, spielten Drei gewinnt und Galgenmännchen, dann kam plötzlich, fast am Ende des Semesters, ein Mann aus Bielefeld um die Ecke. Er lächelte gütig von der Leinwand herunter. Sein Name war Niklas Luhmann, Soziologe. Geboren 1927, gestorben 1998. Wichtigster deutscher Vertreter der Systemtheorie. Auf den ersten Blick sah er sympathischer aus als Mao Zedong. Glatze, gigantische Brille, Pullunder unter dem Jackett. Er sah genauso aus, wie ich mir einen Professor aus Bielefeld vorstellte: liebenswürdig und harmlos.

Doch er war alles andere als harmlos. Er machte lebensfrohe Menschen über Nacht zu Systemtheoretikern. Und das, obwohl er nicht mehr lebte.

Am nächsten Tag stand ich mit Freunden in einer schmutzigen Studentenkneipe und trank Rothaus Pils. Wir sprachen über den SC Freiburg und spielten Tischkicker. Irgendwann, als ich mit einem Kommilitonen rauchend auf der Terrasse stand, gerade hatte sich angenehmes Schweigen breitgemacht, sagte er, ohne jede Vorwarnung: »Ich verstehe mich übrigens als Luhmannianer.«

»Luhmannianer?«, fragte ich. »Seit wann?«

»Schon länger«, sagte er. »Aber seit gestern bin ich mir sicher.«

Er begann von Systemen und Subsystemen zu erzählen, von funktionaler Differenzierung, Autopoiesis und doppelter Kontingenz. Es ist beachtlich, was manche Menschen im Vollsuff noch zustande bringen. Aber wahrscheinlich hätte auch Paul Breitner in den Siebzigern in jedem Zustand aus der Mao-Bibel zitieren können.

Da stand also ein Luhmannianer vor mir. So sehen die aus: löchriges Hemd mit Bierflecken, Vierundzwanzig-Tage-Bart und glasige Augen.

Ich wusste nicht, was ich sagen sollte.

Ein paar Tage später wiederholte sich meine Ratlosigkeit. Auf einer Gartenparty, zu der man Kartoffelsalat in Tupperdosen mitbrachte und zur Begrüßung pflichtgemäß Jägermeister trank, outete sich ein weiterer Kommilitone als Luhmannianer.

Aus einem großen Pulk tanzender Studenten, der sich im Vollsuff auf Matthias Reim geeinigt hatte und sich nun in Textsicherheit unterbot, löste sich eine kleine Gruppe von bebrillten Soziologen und Politikwissenschaftlern. Zentrum dieser Gruppe war Johann. Er trug eine runde Brille und ein zu kurzes Hemd über einem zu dünnen Körper.

Johann rührte mit einer Plastikgabel in einem Haufen Kartoffelsalat, den er sich vor Stunden ungelenk auf seinen Teller geschaufelt hatte und nun mit sich herumtrug, egal, wohin er ging. Da ich weder den Text von »Verdammt, ich lieb dich« kannte noch Bewegendes zum Gespräch der Brillenmenschen beitragen konnte, blieb ich unentschieden zwischen beiden Welten stehen und fieberte im Stillen dem Moment entgegen, in dem endlich eine Gabel Kartoffelsalat ihren Weg in Johanns Mund finden würde.

Doch immer, wenn Johann kurz davor war, eine gehäufte Gabel in seinen Mund zu schieben, einmal berührte die Gabel bereits seine Unterlippe, ergab sich für ihn ein neuer Anlass zum Widerspruch. Ich verstand nur die Hälfte, weil im Hintergrund der Pulk tobte. Sie spielten jetzt Matthias Reim in Dauerschleife. *Sieben Bier – zu viel geraucht. Das ist es, was ein Mann so braucht. Und ich denke schon wieder nur an Dich.*

Neben Johann stand einer, dessen Namen ich nicht kannte und der wie eine Spiegelung Johanns wirkte: Er diskutierte, während er sich ununterbrochen neues Essen vom Büffet holte. Er war Rheinländer. Was ihn offenbar dazu befähigte, sehr laut zu sprechen und sehr viel zu essen.

Als der Rheinländer Jürgen Habermas ins Spiel brachte, verlor ich endgültig die Hoffnung, dass ich noch erleben würde, wie Johann seinen Kartoffelsalat aß.

Johann bereitete sich jetzt auf eine historische Verbalschlacht vor: Er stellte den Kartoffelsalat weg, klappte die Brille zusammen und schob sie in seine Hemdtasche. Ich wusste, dass Jürgen Habermas und Niklas Luhmann vor vielen Jahren mal öffentlich einen Streit ausgetragen hatten. Niemand war zu Schaden gekommen. Die beiden hatten sich gestritten, wie sich Intellektuelle eben streiten: Man schreibt sich Briefe, formuliert subtile Essays für das Feuilleton der FAZ und gibt am Schluss ein gemeinsames Buch heraus, das die unterschiedlichen Positionen umfassend darstellt.

Im Internet war ich auf einen Artikel gestoßen, der sich mit der Auseinandersetzung zwischen Luhmann und

Habermas befasste. Die Überschrift hieß: »Zwei Philosophen, die sich dreißig Jahre lang aneinander rieben«. Ich hatte mir einen Moment lang bildlich ausgemalt, wie das wohl aussieht, wenn sich zwei Menschen dreißig Jahre lang aneinander reiben. Normalerweise machen das ja vor allem Menschen, die sich mögen.

Johann und der Rheinländer waren nun offenbar gewillt, diesen Streit neu zu inszenieren. Es wurde spannend. Ich kam näher.

»Ich bin Luhmannianer«, sagte Johann.

Der Rheinländer lachte herzlich und angelte mit bloßer Hand eine Bockwurst vom Büffet.

»Luhmann hat sich erledigt«, sagte der Rheinländer und biss, zur Unterstützung seiner Vehemenz, mit voller Kraft in die Bockwurst.

»Erledigt?«, fragte Johann und stieß ein gekünsteltes Lachen aus. Und dann rief er, nach einer kurzen Pause, in einer Mischung aus gespielter Ungläubigkeit und Spott: »Luhmann! Erledigt! Sagt ein Habermasianer!«

Johann schaute genervt Richtung Pulk. Der Pulk hatte, dank zehnmaliger Wiederholung des Lieds, an Textsicherheit gewonnen. Man sang nun unisono mit. *Gegenüber sitzt'n Typ wie'n Bär. Ich stell' mir vor, wenn das dein Neuer wär'.*

Einzelne Zeigefinger ragten aus dem Pulk, sie gaben den Takt an. Johanns Vorwurf, Jürgen Habermas sei ein »heillos überschätzter Scharlatan«, konterte der Rheinländer mit der Nachfrage, was Johann überhaupt von Jürgen Habermas gelesen habe.

»Das ist doch überhaupt nicht die Frage«, sagte Johann. Was ein ungemein schlagkräftiger Konter war, den ich mir unbedingt für meine nächste mündliche Prüfung merken wollte.

Der Rheinländer reagierte mit einem verzweifelten Lachen, während er mit seinen Fingern die Wurstplatte durchsuchte. Die Möglichkeiten schrumpften: Zur Auswahl standen geräucherte Mettwurst, Lyoner und Gänseleberpastete.

Und da der Rheinländer nun seine volle Aufmerksamkeit der Wurstplatte widmete und ansonsten schwieg, wiederholte Johann sein Glaubensbekenntnis mit kindlichem Trotz.

»Ich bin und bleibe Luhmannianer. Da kannst du sagen, was du willst«, sagte er. Der Rheinländer nickte kauend. Die Schlacht war beendet.

Mich beschäftigten zwei Fragen. Erstens: Woher kam die viele Wurst? Zweitens: Wie wird ein Mensch zum Luhmannianer? Die erste Frage klärte sich, kurz bevor ich ging, in einem Gespräch mit dem Gastgeber, er studierte wie ich Politik.

Vor einigen Wochen, so erzählte er mir, habe er eine Badenerin kennengelernt, deren Eltern Inhaber einer Metzgereikette seien. Was für ihn nicht der ausschlaggebende Grund gewesen sei, sich zu verlieben. Denn das mit der Metzgereikette habe er erst später erfahren. Der Vorteil aber sei, dass immer, wenn es jetzt etwas zu feiern gebe, die Eltern seiner Freundin anriefen und fragten: Braucht ihr Wurst?

Ich bedankte mich für das schöne Fest und ging.

Mit der zweiten Frage befasste ich mich, als ich zu Hause betrunken vor meinem Computer saß. Im Internet sah ich mir ein Porträt über Niklas Luhmann an, ich wollte mich seiner Sogkraft aussetzen. Vielleicht würde ich ja auch über Nacht zum Luhmannianer. Das Porträt stammte aus dem Jahr 1973 und hieß »Beobachter im Krähennest«.

Niklas Luhmann stand auf der Terrasse eines Einfamilienhauses in Bielefeld-Oerlingshausen und tätschelte einen Hund. Dann saß er hinter seinem Schreibtisch: Glatzkopf, Brille, kurzärmliges Hemd. Der Reporter bat ihn, seine Theorie zu erklären.

»Jede moderne Systemtheorie setzt an bei der Differenz von System und Umwelt«, sagte Luhmann.

Ich stoppte das Video. Jede moderne Systemtheorie setzt an bei der Differenz von System und Umwelt, sagte ich. Ich drückte wieder Play. Niklas Luhmann saß jetzt in der Natur und trug einen kuscheligen Pullover.

»Man hat mit jedem System die ganze Welt im Blick, aber immer gespalten durch die Differenz von System und Umwelt«, sagte er. Man hat mit jedem System die ganze Welt im Blick, aber immer gespalten durch die Differenz von System und Umwelt, sagte ich.

Ich spulte vor. Jetzt saß Luhmann wieder hinter seinem Schreibtisch. Er wühlte in einer Schublade und holte Zettel hervor.

»Es wäre absurd, sich vorzustellen, dass die gesamte Gesellschaft auf ein Niveau theoretischer Einsichtigkeit gebracht werden könne«, sagte Niklas Luhmann. Stimmt, dachte ich.

Erleichtert legte ich mich ins Bett. Am nächsten Morgen, als ich aufwachte, fragte ich mich, ob etwas anders war als an den Tagen davor. Ich schlurfte mit wirren Haaren ins Bad, guckte in den Spiegel und sah, was über Nacht passiert war: nichts. Das Experiment war nicht geglückt.

Bis heute weiß ich nicht, wie Menschen über Nacht zum Luhmannianer werden.

Und was die Systemtheorie ist, habe ich noch immer nicht verstanden.

GEBT DEN LINKEN WAS ZU TRINKEN

Mats lernte ich auf einer Demonstration gegen Studiengebühren kennen. Er fiel mir auf, weil er seine Faust sehr entschieden in die Luft reckte und immer wieder einen Satz rief: »Leute, lasst das Glotzen sein, reiht euch in die Demo ein.«

Als ich ihn fragte, ob das nicht anstrengend sei, was er bejahte, schlug er vor, die Arbeit zu teilen: Er würde die erste Hälfte des Satzes rufen, ich die zweite.

Ich war einverstanden, weil ich die freundlichere Hälfte des Satzes erwischt hatte, und so marschierten wir, unseren Wechselgesang brüllend, durch die lieblichen Straßen Freiburgs. An Rentnerinnen vorbei, die ihren Einkaufswagen in den Pennymarkt schoben. Durch Touristengruppen, die orientierungslos durch die Altstadt irrten. Und durch eine Grundschulklasse, die gerade erfuhr, warum das Freiburger Münster Münster heißt.

Sie alle forderten wir auf, das Glotzen sein zu lassen und sich in die Demo einzureihen.

Aber sie glotzten gar nicht. Im Gegenteil: Die Demo schien sie nicht zu interessieren.

An einer Straßenkreuzung kamen wir zum Stehen, die Polizei hatte die Demonstration gestoppt. Wir schauten auf ein Altenheim, das Seniorenresidenz Waldesruh hieß. Auf einer Terrasse saßen einige Bewohner, unter dem Schutz eines Sonnenschirms, und schwiegen. Eine alte Dame hob ihren Arm, um uns zu winken. Mats winkte freundlich zurück. Die alte Dame ballte die Faust. Es sah aus, als sei sie auf unserer Seite.

»Leute, lasst das Glotzen sein, reiht euch in die Demo ein«, brüllte Mats.

An der Spitze der Demo trugen ein paar Studentinnen der Theaterwissenschaft einen Sarg aus Pappmaschee. Auf den Sarg hatte jemand das Wort »Bildung« gepinselt. Um keine falschen Deutungen aufkommen zu lassen, enthüllte eine der Studentinnen ein Transparent mit der Aufschrift: »Hier wird die Bildung zu Grabe getragen.«

Der Sarg war, wie ich später erfuhr, schon einige Jahre alt. Er lagerte die meiste Zeit in den Räumen einer Fachschaft und wurde immer dann entstaubt, wenn gerade seine unschlagbare Metaphorik gefragt war. Und das kam oft vor. Im Schnitt wurde die Bildung ein Mal pro Semester zu Grabe getragen.

Was natürlich die Frage aufwirft, ob die Bildung jedes Mal wieder auferstanden ist wie Jesus, um dann wieder zu Grabe getragen zu werden. Oder ob es mehrere Bildungen gab. Ich werde die Frage nicht klären können.

Mats hatte, neben Parolen zu den Themenfeldern Studium und Universität auch Parolen auf Lager, die das Große und Ganze betrafen: das Land, die Gesellschaft, das System.

Gut gefiel mir der Slogan »Mach keinen Mist – werde Anarchosyndikalist«. Obwohl das Metrum im zweiten Teil etwas holperte und ich nicht genau wusste, was ein Anarchosyndikalist so macht. Aber darüber kann man im Ernstfall hinwegsehen.

Schön auch die Parole: »BRD-Bullenstaat – wir haben

dich zum Kotzen satt!«. Sie kam zum Einsatz, sobald ein Polizist unseren Ausweis kontrollierte oder uns ein Einsatzwagen den Weg verstellte. Auch die Parole »Gegen Nazis, Chefs & Spaltung – für kollektive Selbstverwaltung!« gefiel mir. Auch hier gab es zwar im zweiten Teil ein Problem mit dem Metrum, aber dafür überzeugte mich die generelle Gleichsetzung von Nazis und Chefs.

Die schönste aller Parolen präsentierte Mats erst am Schluss der Demonstration, wir liefen gerade an einem Getränkemarkt vorbei. Mats streckte beide Hände in die Luft und rief: »Gebt den Linken was zu trinken!« Ich machte mit, und nach einer Weile stimmten auch die anderen ein. Nach ein paar Minuten standen fünfhundert Studenten vor einem Getränkemarkt und forderten Bier.

Nach der Demo saß ich mit Mats im Innenhof der Uni. Wir tranken Kaffee aus Plastikbechern und guckten in den Himmel. Eigentlich hätte ich in eine Vorlesung gehen müssen, Kultur und Geschichte des Islam, aber ich war schon durch die ganze Stadt marschiert und fühlte mich jetzt schlapp.

Über Umwege kamen wir auf das Thema Wettessen zu sprechen. Wettessen interessierten Mats ebenso wie mich. Er erzählte mir, dass neulich der Amerikaner Joey Chestnut den neuen Weltrekord im Hotdog-Wettessen aufgestellt hatte: 66 Hotdogs in zehn Minuten. Drei Hotdogs mehr als sein japanischer Konkurrent Takeru Kobayashi. Kobayashi hatte zuvor sechsmal in Folge seinen Titel verteidigt. Dann kam, 2007, Chestnut und holte die Trophäe zurück in die USA.

»Wie viel schaffst du?«, fragte ich.

»Hotdogs?«, fragte Mats. »Mindestens zehn.«

Ich streckte ihm meine Hand entgegen. Diese Wette wollte ich eingehen. Mats hatte blonde Haare, bleiche Haut und Sommersprossen. Er sah nicht aus wie jemand, der viel essen konnte. Wir verabredeten uns bei IKEA. Das Duell sollte an einem Freitag stattfinden. Wir wollten uns Hotdog für Hotdog in den Mund schieben, während fröhliche Familien Ivar-Regale auf ihre Einkaufswagen luden und sich Topfpflanzen aussuchten.

Zur Vorbereitung sah ich mir im Internet die Technik der Profis an. Auf YouTube fand ich ein Video, das Joey Chestnut als den »größten Esser der Welt« vorstellte.

Chestnut stand vor einem Tisch, auf dem sich die Hotdogs häuften, inmitten seiner Fans. Bevor er sich in Rekordtempo einen neuen Hotdog in den Mund schob, tunkte er das Brötchen in Wasser. Das ist der Schlüssel zum Erfolg, dachte ich. Je matschiger die Hotdogs, desto schneller kann man sie kauen.

Ich entdeckte Foren, auf denen sich Menschen über Wettessen austauschten. Ein Nutzer schrieb, dass er unbedingt an einem Wettbewerb teilnehmen wolle. Er wohne in Berlin, aber für ein Wettessen sei er sogar bereit, bis nach Brandenburg zu fahren. Auf die Frage eines Nutzers, ob es eine Möglichkeit gebe, seinen Bauch durch Übungen zu vergrößern, schrieb ein anderer: »Ich habe mal gehört, viel trinken und damit seinen Magen dehnen. Das macht immer dieser Ami, wenn er die 100 Würstchen verschlingt.«

Auf Wikipedia erfuhr ich, dass im Jahr 1916 vier amerikanische Einwanderer die Frage klären wollten, wer von ihnen der größte Patriot war. Sie trafen sich bei Nathan's, einem bekannten Hotdog-Laden in New York, und aßen um die Wette. Der Gewinner schaffte dreizehn Hotdogs. Damit war geklärt, dass er der patriotischste Einwanderer war. Er wusste nicht, was er damit ausgelöst hatte. Von nun an trafen sich jedes Jahr am Unabhängigkeitstag einige Amerikaner bei Nathan's, um zu beweisen, dass sie noch patriotischer waren als die vier Einwanderer. Eine Spirale des erbarmungslosen Essens setzte sich in Gang.

Am Wettkampftag traf ich Mats unter einer schwedischen Fahne. Es war kurz vor elf am Morgen, vor IKEA fuhren die ersten Volvos auf. Mats trug ein lustiges Motto-Shirt, das er ironisch meinte. Darauf stand: »Ich habe so großen Hunger, dass ich vor lauter Durst gar nicht weiß, was ich rauchen soll. So müde bin ich.« Er zeigte auf den Schriftzug und nickte.

»Ich meine das ironisch«, sagte er. Er trug ein Mottoshirt, um seinen Protest gegen Mottoshirts auszudrücken. Ironie, ironisch gebrochen.

Mats versteckte seine blonden Locken unter einer Wollmütze, sein lustiges T-Shirt schlackerte an einem knöchernen Körper, Sommersprossen sammelten sich um seine Nase, die er in Ermangelung eines Taschentuchs in regelmäßigen Abständen mit dem Handrücken putzte. Wie sollte dieser Körper zehn Hotdogs verarbeiten?

Mats umarmte mich, wie das große Sportler tun. Und dann schritten wir auf den Eingang zu, Seite an Seite. Die gelb-blauen Fahnen wölbten sich im Wind. Staub wirbelte auf. Der Himmel verdunkelte sich. Ich wusste, dass ich mich jetzt anstrengen musste. Mehr als das. Es war an der Zeit, über mich hinauszuwachsen. Plötzlich blieben wir stehen. Ein junges Pärchen hatte seinen Einkaufswagen in der Drehtüre verkeilt.

»Mach doch was!«, sagte die Frau.

»Mach du doch was!«, sagte der Mann.

»Jetzt mach schon!«, sagte die Frau.

Mats griff den Einkaufswagen und zog ihn aus der Tür.

»Bitte schön«, sagte er.

Das Pärchen sah ihn an, als sei er Superman. Ein bisschen war er das auch. Ein ganz normaler Junge, der sich in einen

Helden verwandeln konnte. Er war der Hotdog-Held aus dem Breisgau.

Wir einigten uns auf die Regeln. Jeder Hotdog musste vollständig belegt sein: mit Würstchen, Röstzwiebeln, Gurkenscheiben, zudem mit Ketchup, Mayonnaise oder Senf. Trinken war erlaubt. Gewonnen hat, wer innerhalb von zehn Minuten mehr Hotdogs gegessen hat.

Wir suchten uns ein Sofa mit Tisch, es stellte sich uns als das Modell Tylösand vor: weiche Polster, Bezüge in Purpur, hoffentlich abwaschbar.

Hinter uns hing eine gigantische Plakatwand, die fröhliche schwedische Kinder zeigte. Sie tanzten in der Natur und hatten Blumen in den Haaren. Sie hatten gut lachen, denn sie mussten keine zehn Hotdogs in zehn Minuten essen.

Mats holte dreißig Brötchen. Wir belegten sie und reihten sie vor uns auf. Mats drückte auf seiner Uhr rum. Er stellte den Countdown auf zehn Minuten und legte die Uhr auf den Tisch. Aus seinem Rucksack zog er einen Block und zwei Stifte. Ich hatte nichts gefrühstückt und freute mich auf den ersten Hotdog. Das warme Würstchen, das Brötchen, die Röstzwiebeln, in Mayonnaise aufgeweicht. Eine Lautsprecherdurchsage wies darauf hin, dass im Restaurant leckere Spezialitäten auf uns warteten.

»Lust auf leckere Spezialitäten?«, fragte Mats.

Er lachte, doch im nächsten Moment verschwand jede Freude aus seinem Gesicht. Er wirkte jetzt fokussiert und sehr professionell. Es gab nur noch die Hotdogs und ihn.

Er hatte einen Becher Apfelsaftschorle griffbereit auf den Tisch gestellt und, aus Respekt vor dem Anlass, seine Mütze vom Kopf gezogen. Er strich sich zwei Strähnen aus dem Gesicht und klemmte sie hinter die Ohren. Sekundenlang sah er mich an, als suchte er Zweifel in meinen Augen. Als wollte er sicher gehen, dass ich der Größe der Aufgabe gewachsen war.

»Bereit?«, fragte er.

»Bereit«, sagte ich.

Mats aktivierte den Countdown. Die Uhr piepste zweimal. Ich sah, wie die Zehntelsekunden zu fliegen begannen. Ich sah einen Sportler, der alles tat, um zu gewinnen. Wie ein 100-Meter-Läufer, der beim Start die Knie durchdrückt und den Körper nach oben schießen lässt, griff Mats mit der linken Hand zum ersten Brötchen und mit der rechten zum Becher.

Das Brötchen verschwand in seinem Mund, ohne dass Mats gekaut hatte.

Wie eine Schlange, die ihren Kiefer aushängt, um ihre Beute zu verschlingen. Er kippte Apfelsaftschorle nach, während er mit der anderen Hand das nächste Brötchen griff. Sein Mund war umrandet mit Mayonnaise, auf seiner Jeans lagen Röstzwiebeln. Mit einem flüchtigen Seitenblick prüfte er, wie weit ich gekommen war.

Ich nahm gerade den zweiten Bissen vom ersten Brötchen. Mir war rätselhaft, wie man einen Hotdog essen konnte, ohne zu kauen. Eine weitere Lautsprecherdurchsage forderte uns auf, im Restaurant vorbeizuschauen. Im Restaurant gab es noch immer leckere Spezialitäten. Ich sah zur Kasse. Das Pärchen, das Mats gerettet hatte, bezahlte gerade.

Stück für Stück nahm der Mann die Einkäufe vom Band, im Zeitlupentempo: Kissen, Topfpflanzen, einen hässlichen Kunstdruck. Er sah aus, als hätte er gerade vierundzwanzig Hotdogs in drei Minuten gegessen. Immerhin gelang es ihm, den vollbepackten Wagen fehlerfrei durch die Drehtür zu manövrieren. Denn Superman hätte auch nicht helfen können. Superman war gerade beschäftigt.

Noch acht Minuten.

Der zweite Hotdog schmeckte außergewöhnlich gut. Das Brötchen war nicht zu weich, über die gesamte Länge des Würstchens zog sich eine feine Ketchuplinie, darüber schlängelte sich in Serpentinen Mayonnaise. Die Gurkenscheiben reihten sich ordentlich, Scheibe an Scheibe, das Würstchen war lauwarm.

Noch sieben Minuten.

Der dritte Hotdog schmeckte gut. Das Brötchen drohte zu zerfallen. Ich hielt es mit beiden Händen zusammen. Das Würstchen war inzwischen kalt, es war fast komplett von Gurkenscheiben überdeckt. Ein paar Tropfen Ketchup hielten die Röstzwiebeln zusammen. Ich kaute und sah mir das Plakat mit den glücklichen Kindern an. Mats war in Trance, er schloss seine Augen. Er aß, wie ich noch nie jemand essen gesehen hatte. Joey Chestnut ausgenommen.

Noch fünf Minuten.

Unter normalen Umständen hätte ich den vierten Hotdog nicht unbedingt gegessen. Röstzwiebeln rieselten auf meine Hose. Das Sofa Tylösand bekam seinen dritten Mayonnaisefleck. Draußen hatte Nieselregen eingesetzt. Volvos kamen, Volvos gingen. Pärchen schleppten Topfpflanzen über den Parkplatz. Ich fühlte mich unendlich geborgen.

Noch vier Minuten.

Der fünfte Hotdog war kalt. Mein Mund füllte sich mit Mayonnaise. Eine Welle Apfelsaftschorle überschwemmte meinen Magen. Ich zwang mich zu kauen. Der sechste Hotdog war schwer wie Stein. Mein Mund klebte, mein Kiefer schmerzte.

Mats war über das Gröbste hinweg. Er bekam jetzt richtig Hunger. Zum Spott streichelte er meinen Bauch.

»Ist das nicht lecker?«, fragte er. »Ist das nicht wahnsinnig lecker?«

Noch zwei Minuten.

Den siebten Hotdog aß ich zur Hälfte, während ich der Zeit beim Vergehen zusah. Die zweite Hälfte hielt ich auf Bauchhöhe. Mir fehlte die Kraft, um meinen Arm zu heben. Ich sehnte mich nach Regen, nach Wasser, nach frischer Luft.

Ich erinnerte mich an die Videos, die ich im Internet gesehen hatte. Wie Joey Chestnut Brötchen für Brötchen ins Wasser tunkte, wie er sie dann mit der flachen Hand in seinen Mund stopfte, wie hinter ihm die amerikanische Flagge wehte, wie die Menschen jubelten, als betrete gerade erstmals ein Mensch den Mars.

Noch eineinhalb Minuten.

Die Stimme aus dem Lautsprecher forderte uns ein weiteres Mal auf, im Restaurant vorbeizuschauen. Im Restaurant gab es noch immer leckere Spezialitäten. Heute waren die Fleischbällchen im Angebot. Mit Preiselbeeren und knackigen Pommes. Ein alter Herr steuerte auf uns zu und fragte, wo es diese Brötchen zu kaufen gebe. Ich starrte ihn entgeistert an.

Noch eine Minute.

Mats biss in seinen zwölften Hotdog, als sei es der erste seit vielen Jahren. Auf der Zielgeraden verringerte er die Geschwindigkeit. Er genoss seinen Sieg, er feierte jeden Bissen. Ich ließ meinen Kopf auf das Polster fallen. Ich sah die tanzenden Kinder auf dem Plakat hinter uns. Wie konnte man nur so fröhlich tanzen?

Zehn. Neun. Acht. Die Zeit war vorbei. Mats klatschte in die Hände und reckte seine geballten Fäuste in die Luft. Er sprang auf und inszenierte mit kreisenden Hüften einen Siegertanz. Ich legte den halben Hotdog auf den Tisch und streckte meine Beine von mir.

»Gebt den Linken was zu trinken«, rief Mats. Aus dem

Schwedenshop holte er eine Flasche Apfelwodka. Er wollte seinen Sieg angemessen feiern.

Wir legten uns in der Abteilung für glückliche Familien auf die besten Sofas, die wir finden konnten. Mats entschied sich für Karlaby, ich mich für Söderhamn. Söderhamn war ein Bettsofa in Grau. Auf diesem Sofa konnten Familien glücklich sein. Ich nahm verstohlen einen Schluck Wodka und versteckte die Flasche hinter einem Kissen. Ein gelb-blauer Mitarbeiter kam und fragte, ob er mir helfen könne.

»Ich habe gerade sieben Hotdogs gegessen und brauche nun etwas Ruhe«, sagte ich.

»Sechseinhalb!«, rief Mats.

Der blau-gelbe Mitarbeiter nickte. »Falls du mich brauchst, ich bin immer für dich da«, sagte er.

Der Mitarbeiter ging, und Mats lachte. »Er mag dich«, sagte Mats und kicherte.

Wir lagen zwei oder drei Stunden rum und schliefen. Wir badeten im Bällebad, bis man uns vertrieb. Und abends aßen wir Fleischbällchen mit knackigen Pommes und Preiselbeeren. Mats konnte kämpfen wie ein Löwe und essen wie ein Nashorn. Er war fleißig, viel fleißiger als ich, aber er versuchte, seine Fleißanfälle von mir fernzuhalten. Ich merkte, dass ich einen würdigen Nachfolger für Lars von Trier gefunden hatte.

Es wurde Sommer, und es sollte der Sommer der Leistungsverweigerung werden. Wir sahen, wie glühende Monate der Faulheit vor uns lagen.

Wir fühlten uns gut. Denn wir waren träge wie nie.

ICH FINDE STUDIEREN ÜBRIGENS TOTAL GUT

Eines nicht sehr schönen Sommertages, der eigentlich wunderbar war, traf ich eine Kommilitonin, die mich darauf hinwies, dass man nicht alles schlecht finden könne, man müsse auch mal etwas gut finden.

Da ich den Verdacht hatte, dass dieser allgemein gehaltene Appell in Wahrheit an mich gerichtet war, nahm ich mir nun vor, in Zukunft etwas gut zu finden. Irgendetwas. Wenn ich beispielsweise in die Straßenbahn stieg und die Bahn losfuhr, dachte ich: Ich finde es richtig gut, dass die Straßenbahn losfährt.

Oder wenn ich im Hörsaal saß und die Professorin ans Pult trat, sagte ich zu meinem Nebensitzer: Ich finde es vorbildlich, dass die Professorin jetzt ans Pult tritt, das finde ich richtig gut.

Manchmal, um einen Ausgleich herzustellen, fand ich auch Dinge gut, die auf den ersten Blick schlecht waren. Dann sagte ich: Ich finde es richtig gut, dass ich jetzt den Bus verpasst habe. Ich versuchte mit aller Kraft, ein Smiley auf zwei Beinen zu sein. Ich fand es richtig gut, etwas gut zu finden. Im Schnitt fand ich pro Tag vier Dinge gut.

Ein paar Wochen später traf ich die Kommilitonin erneut.

Sie war gerade durch eine Klausur gefallen und sehr schlecht gelaunt.

»Ich finde es richtig gut, dass du durch die Klausur gefallen bist«, sagte ich.

Nein. Das habe ich natürlich nicht gesagt. Die besten Konter fallen einem ja erst Jahre später ein. Nämlich genau jetzt, während ich das schreibe. Aber ich habe ihr von meinem Lernerfolg berichtet. Dass ich seit unserem Gespräch ganz oft etwas gut gefunden hatte: Wenn die Straßenbahn losgefahren war, ich den Bus verpasst hatte oder die Professorin ans Pult getreten war.

»Du Idiot«, sagte sie. Sie legte ihre flache Hand vor die Augen und schüttelte den Kopf.

»Wieso?«, fragte ich. »Du hast doch gesagt, man soll auch mal etwas gut finden.«

»Ich meinte nicht, dass du *irgendetwas* gut finden sollst«, sagte sie. »Ich finde nur, du solltest nicht studieren, wenn du nichts am Studium gut findest.«

Wie sollte ich da widersprechen? Sie hatte recht: Ich sollte nicht studieren, wenn ich nichts am Studium gut finde. Mit einem Satz hatte sie meine Verteidigung zerlegt. Obwohl es natürlich, das hätte ich einwenden können, Hunderttausende Menschen gab, wenn nicht Millionen, wenn nicht Milliarden, die Dinge taten, die sie eigentlich nicht gut finden. Und für viele Menschen ist Meckern über das Leben ein unersetzlicher Bestandteil eines erfüllten Lebens. Zum Beispiel erinnere ich mich an eine ältere Frau aus meinem Dorf, die jeden Tag mit dem Bus in die Stadt fuhr, um sich mit dem Busfahrer über die Beschissenheit des Lebens auszutauschen.

»Scheiß Regen«, sagte die Frau.

»Scheiß Regen«, sagte der Busfahrer.

»Verdammte Hitze«, sagte die Frau.

»Verdammte Hitze«, sagte der Busfahrer.

Und als ein paar Schüler einstiegen, waren sich die beiden einig, was sie von Schülern zu halten hatten.

»Scheiß Besserwisser«, sagte der Busfahrer.

»Verdammte Schüler«, sagte die Frau.

Mich irritierte, dass ihr Gespräch über die Beschissenheit des Lebens, das ich in großen Teilen nachvollziehen konnte, andauernd von gut gelaunter Volksmusik unterlegt war, die ich nicht nachvollziehen konnte. Von Liedern, die das absolute Gegenteil besangen: die unendliche Schönheit der Liebe, des Lebens und des Matterhorns. Angemessener wäre es gewesen, wenn der Busfahrer einen Radiosender gefunden hätte, der konsequent die Beschissenheit des Lebens feiert, mit Hits wie diesem:

Scheiß Hitze, Scheiß Hitze – wie ich schon wieder schwitze. Scheiß Regen, scheiß Regen – ich muss schon wieder fegen. Oh wie hässlich ist mein Leben, das Leben generell.

Aber ich schweife ab. Meine Aufgabe war es also, mein Studium nicht ausschließlich schlecht zu finden, sondern auch gut. Oder das Studium abzubrechen, wenn ich nichts am Studium gut finden konnte. Das tat ich auch, aber erst zwei Jahre später. Also dachte ich nach, was mir an der Universität gefiel. Und dann schrieb ich ihr diese E-Mail.

Liebe Jana,

ich sitze nutzlos in der Bibliothek und zähle die Lamellen an der Decke. Es sind 37. Ich habe über unser Gespräch nachgedacht und muss leider zugeben, dass du recht hast: Ich kann nicht studieren und gleichzeitig Studieren komplett dumm finden.

Das heißt: Ich kann schon. Wer sollte es mir verbieten? Aber es würde mich auf Dauer unglücklich machen. Jetzt könnte man fragen, ob man überhaupt glücklich sein muss. Ich denke: ja. Unglücklichsein ist keine Lösung. Kurzzeitig schon. Aber nicht langfristig. Ich habe mir also Gedanken gemacht, warum ich studiere. Und was ich am Studieren gut finde. Hier kommt jetzt die Wahrheit und nichts als die Wahrheit. Ich schreibe jetzt unerträglich viel über mich. Aber du hast es ja nicht anders gewollt.
Ich glaube, dass ich vor allem aus Phantasielosigkeit studiere. Mit Phantasielosigkeit meine ich die Unfähigkeit, mir Wege abseits der (eingebildeten oder tatsächlichen) Zwangsläufigkeit vorzustellen, die sich aus meiner sozialen Herkunft ergibt.
Irgendwann einmal, ich glaube, es war im Gemeinschaftsunterricht, habe ich gelernt, dass im Laufe der Moderne ein Wandel von der Normal- zur Wahlbiografie stattgefunden hat. Ich habe mir nicht viel aus der Schule gemerkt. Aber das habe ich mir gemerkt, weil es irgendwie gut klang. Und ein Sprichwort aus dem Englischunterricht: Necessity is the mother of invention. Du musst wissen, oder wahrscheinlich musst du auch nicht wissen, dass ich einen sehr strengen Englischlehrer hatte. Er war anachronistisch streng. Und wenn ich an dieses Sprichwort denke, dann sehe ich ihn vor mir, wie er, die Arme hinter dem Rücken verschränkt, durch die Reihen schreitet. Egal. Tut nichts zur Sache.
Jedenfalls haben sich aus dem Wandel von der Normal- zur Wahlbiografie neue Freiheiten ergeben. Früher ist der Sohn des Bauern mit sehr hoher Wahrscheinlichkeit Bauer geworden. Und der Sohn des Steuereintreibers mit hoher Wahrscheinlichkeit Steuereintreiber. Die Biografie war vorgegeben durch die Herkunft. Später, im Laufe der Moderne (»im Laufe« ist eine gute Formulierung, wenn man ein Ereignis

nicht genau datieren kann), entwickelte sich das Phänomen der Selbstverwirklichung.

Aus der Normalbiografie wurde die Wahlbiografie. Die Möglichkeiten des Einzelnen, selbst über den eigenen Lebensweg zu entscheiden, wuchsen. Diese Angaben sind übrigens alle ohne Gewähr. Ich reime nur zusammen, was mir sinnvoll erscheint. Um einen Weg durch den Dschungel zu finden. Denn das ist das Leben auf jeden Fall: ein Dschungel. Mit Sicherheit kann ich nur sagen, dass ich an der Decke 37 Lamellen zähle. Moment. Genau genommen sind es 37½. Die letzte Lamelle musste halbiert werden. Jetzt ist sie etwas ganz Besonderes. Sie ist nicht nur einfach halbiert. Diese Lamelle ist Nonkonformistin.

Wie auch immer. Ich glaube, dass es die Wahlbiografie zum einen gibt. Und dass sie zum anderen eine Illusion ist. Vielleicht muss man unterscheiden zwischen den harten Faktoren, die einem die freie Gestaltung des eigenen Lebens ermöglichen. Und den weichen.

Betrachtet man die harten Faktoren, dann stellt man fest, dass die Möglichkeiten, das eigene Leben zu gestalten, in den letzten hundert Jahren enorm gestiegen sind. Klar: Noch immer hängen die Bildungschancen eines jungen Menschen zu sehr von der ökonomischen Situation seiner Eltern ab. Aber nicht mehr so sehr wie vor hundert oder vor fünfzig Jahren. Der Sohn des Bauern wird nicht mehr automatisch Bauer, wenn er das nicht will. Sondern er hat inzwischen gute Chancen, ins Ausland zu gehen, sein Dorf zu verlassen, zu studieren. Das nennen wir Fortschritt. Aber wird auch, andersherum, der Sohn des Anwalts Bauer, wenn er das will? Eher nicht. Und das meine ich mit Phantasielosigkeit.

Wir stellen uns sozialen Aufstieg noch immer als lineares System vor, in das sich jeder Beruf, dem jeweiligen Status und

Ansehen nach, aber viel mehr noch gemäß der jeweiligen Verdienstmöglichkeiten, einsortieren lässt.

Wenn der Sohn des Anwalts Bauer wird, dann gilt er als Aussteiger. Nicht als jemand, der eine autonome Entscheidung über seine Biografie getroffen hat. Wenn hingegen der Sohn des Bauern Anwalt wird, dann gilt er als Aufsteiger. Das finden wir dann gut. Und es ist ja auch gut, wenn es sein Wunsch war, Anwalt zu werden. Mich stört nur die Linearität, mit der wir Dinge bewerten.

In meinem Fall besteht die Phantasielosigkeit darin, dass meine Brüder studiert haben, meine Eltern und meine Großeltern. Und dass mir jetzt nichts Besseres einfällt, als auch zu studieren. Aber man rutscht so in die Dinge rein. Es ertönt ja keine Fanfare am Ende der Schulzeit und es taucht kein Mensch auf, der einen über die Einzigartigkeit des Moments aufklärt und über die Risiken und Nebenwirkungen falscher Entscheidungen. Sondern man sitzt, in den meisten Fällen, nach der Abifeier mit Kater vor dem Computer und scrollt durch das Studienangebot deutscher Universitätsstädte. Oder man liegt mit Kater auf dem Sofa und wird aufgefordert, durch das Angebot deutscher Universitätsstädte zu scrollen. Ich verliere mich in dem Gedanken, was in meinem Fall eine autonome Entscheidung über meine eigene Biografie gewesen wäre. Weil ich mir dann über Autonomie im Allgemeinen Gedanken mache (gibt es die?) und den freien Willen im Speziellen (gibt es den?). Ich weiß es nicht. Man müsste Biologie, Medizin oder Psychologie studieren und über das Gehirn forschen. Aber dafür bin ich zu träge. Das wäre dann auch eine Frage, die ich erforschen wollte: Woher kommt Trägheit? Auch das werde ich nicht herausfinden.

Und solange ich Trägheit nicht theoretisch erkunden kann, muss ich mich damit begnügen, sie weiter praktisch anzuwenden.

Zu der Phantasielosigkeit, mit der man Entscheidungen über die eigene Biografie trifft, gesellt sich etwas, das man als vorauseilenden Gehorsam gegenüber möglichen Arbeitgebern bezeichnen könnte. Wir prüfen unsere Entscheidungen mit den Augen jener, die uns in Zukunft möglicherweise in einem Bewerbungsgespräch gegenübersitzen könnten. Man kann das uns, dem Einzelnen, kaum vorwerfen. Es ist ein systemisches Problem von ungeheurer, oft subtil agierender Macht. Lass mich diesen pathetischen Satz loswerden: Das ist der stille Sieg des Kapitalismus über unsere Biografien. Du merkst: Ich werde wütend. Und ich klinge wie ein Soziologieprofessor im Pullunder. Und ich doziere. Deshalb soll hier mal Schluss sein.

Der Kampf geht weiter!

Felix

Lieber Felix,

vielen Dank für deine Mail. Du bist aber ernst. Muss ich mir Sorgen machen? Ich stimme dir bei manchen Dingen zu. Auch wenn du stellenweise klingst wie ein Prediger. Ausführlich antworte ich dir später, irgendwann. Denn erst mal schuldest du mir noch eine Antwort auf die Frage, was dir am Studieren eigentlich gefällt. Das hast du vor lauter Revolution vergessen. Fällt dir da was ein? Trotz Phantasielosigkeit?

Als ob du irgendwie in der Lage wärst zu kämpfen!

Jana

Liebe Jana,

stimmt. Man muss auch mal etwas gut finden. Ich finde Studieren aus folgenden Gründen gut: Ich sehe die Bibliothek gerne von außen. Nachts, wenn drinnen das Licht brennt. Das beruhigt mich. Ich mag leere Hörsäle. Manchmal sitze ich abends im leeren Audimax und schweige. Ich mag die Momente, wenn ich Raum und Zeit vergesse. Dann stehe ich in der Buchhandlung und suche etwas, das es nicht gibt. Oder ich fahre, statt in die Vorlesung zu gehen, mit der Straßenbahn zur letzten Station und laufe durch ein Industriegebiet. Neulich habe ich gelernt, was Schiiten und Sunniten unterscheidet, das mochte ich. Ich werde das wieder vergessen, aber der Moment, in dem ich es verstanden hatte, war gut. Die Aussicht, während meines Studiums in ein fremdes Land zu gehen und eine neue Sprache zu lernen und in dieser Sprache ein Bier zu bestellen oder eine Melone zu kaufen, ist schön. Ich werde die Sprache wieder vergessen. Aber der Moment, in dem ich mich an eine Vokabel erinnere, wenn ich sie dringend brauche, wird gut sein. Ich mag am Studieren, dass ich keinen Chef habe.

Ich mag es, durch den Schwarzwald zu wandern, an Kruzifixen vorbei, bis ich eine Stelle finde, an der absolute Stille herrscht. Ich mag es, mit meinen Freunden über die Grenze nach Frankreich zu fahren und einen Supermarkt zu finden. Weil man sich einbildet, französische Supermärkte seien so viel anders als deutsche. Und weil diese Einbildung schön ist. Ich mag es auch, in der Mensa Nachschlag zu holen und nach dem Essen auf einer Wiese zu liegen, wie ein toter Käfer. Ich mag billiges Bier aus Badewannen, das gehört dazu. Ich mag die Vorstellung, dass es Menschen gibt, die nur in der Welt der Bücher leben, ohne größere Ambitionen für die Welt jenseits der Bücher. Ich kann das nicht. Aber es beruhigt mich, dass es diese Menschen gibt. Ich mag es, einen Tag lang nicht aufzustehen und durch die geschlossenen Gardinen das Verfliegen der Zeit zu erahnen, bis ich Hunger habe und kurz vor Ladenschluss das Nötigste im Supermarkt kaufe. Siehst du jetzt, was das Problem am Gutfinden ist? Man wird so schnell kitschig.

Viele Grüße,

Felix

Lieber Felix,

du bist nicht mehr zu retten.

Trotzdem viele Grüße,

Jana

SO BLEIBST DU FAUL IM PRAKTIKUM

Wer als bekennender Leistungsverweigerer in die missliche Lage gerät, ein Praktikum machen zu müssen, sollte nicht verzweifeln. Denn auch im Praktikum gibt es Wege, faul zu sein und dabei unentdeckt zu bleiben. Diese Wege will ich hier beschreiben. Ich habe sie alle selbst erprobt. Sie funktionieren. Dafür stehe ich mit meinem Namen.

Die entscheidende Frage, die man sich vor dem Antritt eines Praktikums stellen sollte, lautet: Wie werde ich das mal meinen Kindern erklären?

Unsere Generation, was auch immer eine Generation sein mag, muss mit der Bürde fertigwerden, als »Generation Praktikum« in die Geschichte einzugehen. Irgendwie hat das einen traurigen Beiklang. Nicht ganz so traurig wie »Generation Flakhelfer« vielleicht. Aber trotzdem: Wir werden es schwer haben, unseren Kindern vorzuschwärmen, was für verdammt gute Jahre wir damals hatten. Sie werden fragen, wo *wir* waren, als die Werbeagenturen dieses Landes junge Menschen gefangen hielten und sie zu Höchstleistungen nötigten. Und sich die jungen Menschen noch darum rissen, von den Werbeagenturen dieses Landes gefangen gehalten zu werden. Dann will ich wenigstens sagen können: Ja, Kinder. Ich habe damals das eine oder andere Praktikum gemacht – aber ich war dabei so faul, wie ich konnte.

Mein Bachelorstudium brachte es mit sich, dass ich in den Semesterferien ein mehrwöchiges Praktikum bei einer Lokalzeitung absolvierte. Und so landete ich, zum Vorgespräch, im Büro eines Redakteurs, der mich mit einem entschlossenen Händedruck begrüßte und mir einen Platz gegenüber seines Schreibtisches anbot, der überdeckt war von Büchern und Manuskripten.

»Sie wollen also ein Praktikum bei uns machen«, sagte er.

Hier hätte ich, streng genommen, Einspruch erheben müssen. Ich wollte kein Praktikum machen. Ich musste. Aber ich sagte nichts und nickte nur freundlich. Wie ich es gelernt hatte.

Der Redakteur hatte silberne Haare, er trug einen Kaschmirpulli und Segelschuhe. Er blätterte in meinen Unterlagen und sagte: »Aha, aha, aha.« Er rief seine Sekretärin herein und wies sie an, mir einen Kaffee zu bringen. Er war so charmant wie Helmut Schmidt.

»Herr Dachsel! Milch? Zucker?«, fragte er.

»Äh, ja«, sagte ich. »Beides.«

Hinter ihm hingen Bilder und Postkarten aus fernen Ländern. Auf einer Weltkarte hatte er abgesteckt, an welchen Orten er im Einsatz gewesen war, bevor er sich seiner Familie zuliebe entschieden hatte, in führender Position bei der Lokalzeitung anzufangen. Als er bemerkte, dass mein Blick auf die Weltkarte gerichtet war, drehte er sich auf seinem Bürostuhl um, tippte mit dem Zeigefinger auf die Karte und begann zu erzählen – wobei er sich auf wenige Andeutungen beschränkte.

»Afghanistan, 79. Ganz heiße Kiste. Einmarsch der Russen. Und hier: Irak, Kuweit. Die brennenden Ölfelder.«

»Wissen Sie was, Herr Dachsel?«

Ich wusste nicht, was ich antworten sollte.

»Das ist schon ein verdammt geiler Beruf.«

Ich nickte vorsichtig und legte meine linke Hand um die Tasse, während ich mit meiner rechten einen Löffel Zucker in den Kaffee rieseln ließ. Ich spürte, dass mir am Hinterkopf Haare abstanden. Ich versuchte erfolglos, sie mit der flachen Hand glatt zu streichen. Im Hintergrund klingelte ein Telefon. Während er mich ansah, ließ der Redakteur andauernd sein Blackberry auf der Schreibtischplatte fahren, als sei es ein Spielzeugauto. Sein Blackberry blinkte und vibrierte dabei.

»Herr Dachsel«, sagte er. Ich zuckte zusammen. »Darf ich Ihnen eine Frage stellen?« Er parkte seinen Blackberry neben der Schreibtischlampe. Ich nickte. Obwohl es spannend gewesen wäre, an dieser Stelle mit einem entschiedenen »Nein« zu antworten.

»Wo sehen Sie sich in zehn Jahren?«

Er lehnte sich jetzt über seinen Schreibtisch, um mir ganz nah zu sein. Zwei Gewinner unter sich.

»Seit vielen Jahren ist es mein Traum, beim Lotto eine Sofortrente zu gewinnen«, sagte ich – leider nicht, obwohl es die richtige Antwort gewesen wäre. Das Wort Sofortrente fasst bis heute all meine Hoffnungen, Wünsche und Sehnsüchte zusammen.

»Keine Ahnung«, sagte ich.

»Keine Ahnung«, wiederholte er. »Müssen Sie ja gar nicht wissen mit achtzehn, neunzehn. Wie alt sind Sie?«

»Dreiundzwanzig«, sagte ich.

»Dreiundzwanzig«, sagte er. »Aha, aha, aha.«

»Jetzt machen Sie erst mal einen guten Job in der Umlandredaktion, da hängen Sie sich richtig rein, und dann kommen Sie mal auf einen Kaffee vorbei.«

Er stand auf und blieb, mit ausgestreckter Hand, hinter seinem Schreibtisch stehen. »Machensesgut, Herr Dachsel.« Er kniff die Augen zusammen und wies mir den Weg zur Tür, den ich eigentlich schon kannte. Weil ich genau durch diese Tür hereingekommen war. Das scheint eine Geste zu sein, die sich über Jahrhunderte halten konnte: Man zeigt Besuchern zum Abschied die Tür, durch die sie gekommen sind.

Am Tag darauf stand ich mit einem Kuchen in der Hand in einem Großraumbüro und fragte mich, was ich hier tat. Es kam mir seltsam vor, mit einem Kuchen in einem Großraumbüro zwischen völlig fremden Menschen zu stehen und darauf zu warten, dass mich jemand ansprach. Aber ich hatte es so gelernt: Bring einen Kuchen mit und warte, bis man dir sagt, was deine Aufgaben sind. Ich hatte die Eier im Kuchen vergessen, er war sehr trocken und kaum genießbar, wie sich später herausstellte.

Am gleichen Tag trat noch ein zweiter Praktikant seinen Dienst an. Er war klein und muskulös und motiviert bis in die Fingerspitzen. Deshalb nannte ich ihn den »Wühler«. Am ersten Tag unseres Praktikums geriet im Umland eine Scheune in Brand, was eine echte Umlandsensation war. Wühler bot sich sofort an, mit seinem Auto zur Brandstelle zu fahren, was die Redaktionsleiterin dankend ablehnte. Sie wollte nicht, dass Wühler an seinem ersten Tag verbrannte. Obwohl Wühler wahrscheinlich dazu bereit gewesen wäre.

Wir sollten uns stattdessen mit dem Redaktionssystem vertraut machen. Ich stellte den Kuchen ab, setzte mich vor einen flimmernden Bildschirm und legte meine linke Hand auf eine Tastatur, die von Staub und Kaffeeflecken überzogen war. Ich fuhr mit der Maus über den Desktop und öffnete das Redaktionssystem. Es begrüßte mich mit einer Liste von Tastaturbefehlen. Ich tippte einige Buchstaben und markierte sie. Mit einem Tastenkürzel formatierte ich die Buchstaben erfolglos als Überschrift. Eine Fehlermeldung öffnete sich. Sie informierte mich, dass dieser Eingabebefehl nicht zulässig sei. Der Fehler, so klärte mich die Meldung auf, hatte die Nummer 348 und sei ein Ausnahmefehler. Ich versuchte es erneut. Wieder öffnete sich die Fehlermeldung: Dieser Eingabebefehl ist nicht zulässig. Ausnahmefehler 348.

Ich sah mich im Büro um. Mir gegenüber saß Wühler und hämmerte auf der Tastatur herum. Die anderen waren bei der brennenden Scheune. Ich wartete, bis Wühler auf die Toilette ging, kroch unter den Schreibtisch und zog den Stecker meines Computers.

»Hier gibt's ein Problem«, sagte ich, als Wühler von der Toilette zurückgekommen war.

»Was denn?«, fragte Wühler.

»Mein Computer ist irgendwie abgestürzt.«

Wühler stand auf. Er hämmerte auf die Enter-Taste und drückte den Hauptschalter.

»Mhmhm«, sagte er. »Hast du geguckt, ob der Stecker drinnen ist?«

»Pff, klar!«, sagte ich.

»Dann weiß ich auch nicht.« Wühler setzte sich wieder an seinen Platz. Im Regal neben mir entdeckte ich einen Bildband über Alaska. Ich schlug ihn auf und sah Wälder und schneebedeckte Berge. Wühler telefonierte mit irgendeinem Experten. Er war offenbar dabei, seinen ersten Artikel zu recherchieren. Es ging, soweit ich das richtig mitbekam, um den Verkauf der städtischen Wasserwerke. Er habe da einen Tipp bekommen, sagte Wühler. Ich lernte währenddessen das alaskanische Großhornschaf kennen. In der Mitte des Bildbands fand ich ein Poster zum Herausnehmen. Es trug, wie ich auf der Rückseite las, den Titel

»Großhornschaf steht auf einem Felsen«. Und tatsächlich: Auf dem Plakat war ein Großhornschaf zu sehen, das auf einem Felsen stand. Ich hielt das Poster hoch.

»Guck mal hier«, sagte ich. Wühler streckte seinen Kopf in die Luft. »Ein alaskanisches Großhornschaf!«

»Ja, und?«, fragte Wühler.

»Nur so!«, sagte ich.

Die örtliche Feuerwehr brachte den Scheunenbrand innerhalb weniger Stunden unter Kontrolle, die Redakteure kamen enttäuscht zurück und setzten sich in ihre Büros. Die Umlandsensation war vorbei, bevor sie begonnen hatte. Kurz vor Feierabend fragte uns eine Redakteurin, ob wir uns ins Redaktionssystem eingearbeitet hatten. Der Wühler nickte heftig, und ich erzählte vom Absturz meines Computers.

»Zeig mal«, sagte die Redakteurin. Sie drückte mehrmals auf die Enter-Taste. »Hat der Strom?«, fragte sie.

»Klar«, sagte ich.

»Komisch. Na ja, kommt ihr bitte mal. Wir haben jetzt Konferenz.«

In der Mitte des Konferenztischs stand mein Zementkuchen. Jeder nahm sich ein Stück. Sie wussten nicht, was sie taten. Der Wühler und ich stellten uns kurz vor, dann erläuterte die Redaktionsleiterin das Programm für den nächsten Tag. Der Wühler und ich sollten zur Messe fahren, dort präsentierten Freiburger Schüler ihre Beiträge für »Jugend forscht!«. Ich sah in die Runde: Alle kämpften mit meinem Kuchen. Ihre Münder kamen nicht mit der Speichelproduktion nach. Sie konnten nicht aufhören zu kauen. Ein Redakteur drehte sich diskret zur Seite und spuckte in ein Taschentuch.

»Der ist lecker«, sagte der Wühler. Alle schwiegen.

»Liegt sonst noch was an?«, fragte die Redaktionsleiterin.

Der Wühler hob den Zeigefinger. Er wollte von seinem Skandal berichten. Doch der Kuchen hinderte ihn am Sprechen. Alle saßen da und schwiegen und sahen dem Wühler beim Kauen zu, währenddessen ließ er seine Meldung mit dem Zeigefinger in der Luft stehen. Als er endlich fertig war, erzählte der Wühler so aufgeregt, dass niemand verstand, worum es ging, er habe von einem Mitarbeiter eines Stadtrats gehört, dass ihm ein Freund, der mit der Tochter des Chefs der Stadtwerke verheiratet sei, gesagt habe, dass beim Verkauf der Stadtwerke angeblich Geld geflossen sei.

»Wohin?«, fragte die Redaktionsleiterin.

»Keine Ahnung. Werde ich alles rausfinden. Die Sache stinkt gewaltig«, sagte der Wühler. Dass eine Sache gewaltig stinkt, hört man ja sonst nur im »Tatort«. Da kommen die Kommissare aus dem Haus einer Witwe, setzen sich in ihren BMW und haben dann plötzlich einen Geistesblitz. Und dann sagen sie: An dieser Sache stinkt etwas gewaltig. Aber der Wühler hatte sich offenbar zum Ziel gesetzt, am ersten Tag seines Praktikums eine Sache zu präsentieren, an der etwas gewaltig stank.

»Gut«, sagte die Redaktionsleiterin. »Wenn du was hast, dann komm zu mir.« Und dann sah sie mich an. »Gilt auch für dich, ja?«

»Mhmhm«, sagte ich. Ich hatte den ersten Tag hinter mich gebracht, ohne nur eine Minute zu arbeiten.

Am nächsten Tag standen der Wühler und ich morgens zwischen schlauen Kinderforschern. Wir sollten die schlauen Kinderforscher über ihre schlauen Kinderforschungen befragen. Für den Wühler war das ein Paradies. Er konnte mit den schlauen Kinderforschern auf Augenhöhe über Thermik und Zerfallszeiten von Plutonium sprechen. Ich geriet an Linus. Linus, elf Jahre alt, Sohn eines Physikprofessors, hatte eine Drohne entwickelt, die das Wetter vorhersagen konnte, die Alphamax 3000 B. Sie sei noch in der Entwicklung, sagte Linus und zeigte auf ein Plastikdreieck, das oben mit drei Propellern und unten mit Kameras und Sensoren ausgestattet war.

»Luftdruck, Luftfeuchtigkeit, Windgeschwindigkeit«, sagte Linus und tippte mit dem Zeigefinger auf die Drohne. »Das alles misst meine kleine Alphamax und schickt die Daten auf mein Handy.« Linus zog ein weißes iPhone aus seiner Hosentasche und wischte über den Bildschirm. »Die Daten werden dann von einer App gespeichert und verarbeitet.«

»War die App teuer?«, fragte ich.

»Nein, nein«, sagte Linus. »Die habe ich selbst programmiert. Willst du mal sehen?«

Ich nickte, während ich flüchtige Notizen auf meinen Block kritzelte. Mein Bleistift brach ab. Die Mine rieselte auf den Boden. Linus lächelte. Vor mir stand ein Kind, das ungefähr halb so alt und halb so groß war wie ich. Und während der elfjährige Linus kurz davorstand, die Wettervorhersage zu revolutionieren, musste ich mir einen neuen Stift suchen. Ich sah mich nach Wühler um. Die Halle war voll von schlauen Kindern. In der Luft kreisten ferngesteuerte Hubschrauber. Ein Mädchen warf einen Dieselmotor an, warum auch immer. Drei Schüler gingen vor einer Leinwand auf und ab, vor Erwachsenen in Anzügen präsentierten sie einen Trinkwasserfilter, wie es ihn noch nie zuvor gegeben habe.

»Kostengünstig, umweltschonend, einfach in der Montage«, sagte einer der Schüler und unterstützte seine Aufzählung mit drei Fingern, die er, Vorteil für Vorteil, einzeln herausklappte. Dann verbeugten sich die Schüler synchron, und die Erwachsenen applaudierten. Wühler drückte, eine

Halle weiter, an einem Gerät herum, das einem Science-Fiction-Roman entsprungen sein musste. Das Gerät hatte den Körper von R2D2 und blinkte wie eine Dorfdisko. An der Oberseite des Geräts war ein Trichter und an der Unterseite eine Klappe angebracht. Neben R2D2 stand ein Mädchen mit Zahnspange und grinste.

»Das ist der Wasteselector«, sagte das Mädchen.

»Wahnsinn«, sagte Wühler, öffnete die Klappe an der Unterseite und steckte seinen Kopf in die Innereien des Geräts.

»Wahn! Sinn!«, sagte Wühler.

»Ist das nicht Wahnsinn?«, fragte mich Wühler, als er, noch immer auf allen vieren, den Kopf aus R2D2 zog.

»Der Wasteselector sortiert Müll«, sagte Zahnspange.

Wühler stand auf, gab R2D2 einen Klaps, guckte in den Trichter an der Oberseite, drückte einen Knopf, der etwas im Inneren des Geräts in Bewegung brachte, R2D2 brummte und ratterte. Wühler erklärte mir den Wasteselector, als habe er ihn selbst erfunden. Das Mädchen stand nickend neben ihm und unterstützte seine Ausführungen. »Mhmhja, mja«, sagte sie. »Korrekt, kann man so sagen.«

»Ich brauche einen Stift«, sagte ich.

»Einen Stift?«, fragte Wühler. Er tastete seine Jackentaschen ab, seine Hosentaschen und grub in seinem Rucksack. »Hab keinen.«

Das Mädchen streckte mir einen Kugelschreiber entgegen wie ein Messer. Auf den Kugelschreiber war, in kursiven Buchstaben, das Wort »Wasteselector« gedruckt und darunter eine Mülltonne, aus der drei Pfeile schossen, die in unterschiedliche Richtungen abbogen.

»Können Sie behalten«, sagte sie.

Als wir in die Redaktion zurückkehrten, stellte Wühler seinen Rucksack auf den Schreibtisch, knipste den Bildschirm an und ging von Büro zu Büro, um jeden über die

Neuheiten zu informieren, die der Markt für kindische Hochtechnologie zu bieten hatte. Durch eine Scheibe sah ich ihn, wie er wild gestikulierend im Zimmer der Redaktionsleiterin stand und seine Hände zu einem Trichter formte. Er erklärte ihr den Wasteselector.

Im nächsten Büro erklärte Wühler, mit kreisenden Zeigefingern, den Alphamax 3000 B. Der Redakteur nickte eilig und setzte sich, während Wühler noch die Flugbahn der Drohne nachzeichnete, zurück an seinen Schreibtisch.

Der Wühler und ich wurden ein perfektes Team: Er wollte sehr viel arbeiten und ich sehr wenig. Der Wühler kurvte mit seinem Auto durch die Stadt, telefonierte mit Experten, meldete sich zum Rapport im Büro der Redaktionsleiterin, schrieb ungefragt Texte, kochte Kaffee, trug alte Zeitungen in den Keller, wies Kollegen auf Agenturmeldungen hin, putzte Bildschirme und stellte in der Konferenz regelmäßig Dinge vor, an denen etwas gewaltig stank. Und ich – ich tat nichts.

Wobei es nicht leicht ist, nichts zu tun. Damit ich nichts tun konnte, musste ich sehr viel tun. Denn es durfte nicht auffallen, dass ich nichts tat. Eine Grundregel des Nichtstuns im Praktikum heißt: Du musst immer etwas in der Hand haben. Eine weitere Grundregel heißt: Du musst immer in Bewegung bleiben. Ich nahm mir einen Stapel DIN-A4-Blätter und trug ihn durch die Gänge. Wenn mich jemand ansprach, um mir einen Auftrag zu erteilen, nahm ich ihn dankend an mit dem nachgeschobenen Hinweis, erst müsse ich *das hier* erledigen, ich wies mit meiner Nase auf den Papierstapel, das könne noch eine Zeit dauern. Das führte meistens dazu, dass mir der Auftrag freundlich entzogen und an den Wühler weitergegeben wurde, der sich für jeden Auftrag bedankte und immer freundlich blieb wie ein Japaner. Die Autorität eines Papierstapels ist unschlagbar.

Niemand fragte nach, was es denn mit dem Stapel auf sich und was genau ich mit ihm vorhatte. Und wenn doch mal jemand fragte, wer mir den Auftrag erteilt hatte, dann rettete ich mich in Namensfindungsschwierigkeiten, die man einem Praktikanten nachsah. »Das hat mir der äh Dings äh, wie heißt er? Jetzt habe ich den Namen vergessen ...«

Man darf den Trick mit dem Papierstapel aber nicht übertreiben. Er dient eher zur Überbrückung. Die meiste Zeit verbrachte ich außerhalb des Büros. Außerhalb des Büros ist man am sichersten, denn dort steht man den Kollegen nicht im Weg. Und wenn man den Kollegen nicht im Weg steht, dann erinnert man sie nicht daran, dass man zur Verfügung steht, Arbeitsaufträge anzunehmen. Aber auch die Abwesenheit darf man nicht übertreiben. Wenn man so oft unterwegs ist, dass sich die Kollegen zu fragen beginnen, wo denn der Praktikant mit den Papierstapeln ist, dann ist es schon zu spät. An- und Abwesenheiten müssen sich die Waage halten, das ist ganz wichtig beim Nichtstun im Praktikum.

Um oft unterwegs zu sein, suchte ich mir eine Aufgabe, die als glaubwürdiger Vorwand galt, regelmäßig die Redaktion zu verlassen. Ich plante eine Geschichte über das Bienensterben im Rheintal, eine »große Geschichte«, wie ich in der Konferenz sagte. »Jahr für Jahr sterben Hunderttausende Bienen, direkt vor unserer Haustür«, sagte ich.

Niemand konnte ernsthaft etwas dagegen haben, dass ich mich um dieses Massensterben kümmern wollte. Ich besuchte den Vorsitzenden des Freiburger Imkervereins, einen Biologieprofessor an der Uni und ein Bienenmuseum, in dem ich einen Tag damit verbrachte, in einem abgedunkelten Raum Reportagen über Bienen zu gucken, bis es spät genug war, in die Redaktion zurückzukehren, meinen Rucksack zu packen und mich in den Feierabend zu verabschieden. Immer, wenn ich lange genug Papierstapel durch die Gänge getragen hatte, nahm ich meine Jacke von der Garderobe, steckte meinen Kopf in das Büro der Redaktionsleiterin und sagte: »Ich bin dann mal unterwegs.«

»Wohin geht's?«, fragte sie.

»Bienensterben«, sagte ich.

»Ah ja«, sagte sie. »Alles klar!«

Als ich nach drei Wochen noch nicht ausreichend Informationen zusammengetragen hatte, um sie zu einer Geschichte zusammenfügen zu können, wurde ich von der Sache abgezogen. Ich bat um eine zweite Chance und schlug vor, eine Reportage über einen klassischen Bauernhof im Schwarzwald zu schreiben, der mit niedrigen Milchpreisen und teuren Kühen zu kämpfen hat. Ich brauchte einen neuen Vorwand, um regelmäßig die Redaktion zu verlassen. Die Redaktionsleiterin atmete tief ein und aus.

»Also gut«, sagte sie.

Einen Tag lang telefonierte ich mich durch die Milchbauernlandschaft des Südschwarzwalds. Ich sprach mit einem stummen Bauern, der gerade aus dem Stall gekommen war und so schnell es ging dorthin zurückkehren wollte. Ich sprach mit einer jungen Bäuerin, die zwar sehr freundlich war, die ich aber nicht verstand. Und ich sprach mit einem kleinen Jungen, der immer nur wiederholte: »Die Eltern sind heut in der Stadt. Die Eltern sind heut in der Stadt. Die Eltern sind heut in der Stadt.«

Abends, nach vierundzwanzig erfolglosen Telefonaten, sagte ein Milchbauer zu. Er war einverstanden, dass ich ihn besuchte und eine Reportage über ihn schrieb. Wir verabredeten Ort und Uhrzeit. Ich suchte im Internet eine Busverbindung und meldete mich bei der Redaktionsleiterin ab.

»Ich bin dann mal unterwegs.«

»Wohin geht's?«, fragte sie.

»Der Milchbauer«, sagte ich.

Ich mache es kurz: Die Reportage ist nie erschienen, und das Praktikum habe ich nicht beendet. Ich verlief mich im Schwarzwald, weil ich den falschen Bus genommen hatte, und wanderte einen Tag lang über Wiesen und Felder und sah der Zeit beim Vergehen zu.

Am nächsten Tag blieb ich im Bett liegen, eine Stunde, zwei Stunden, drei Stunden, dann schrieb ich der Redaktionsleiterin eine E-Mail. Ich kehrte nie wieder in die Redaktion zurück.

DIE ASIATEN KÖNNEN NICHTS DAFÜR!

Mats beglückwünschte mich zum Abbruch meines Praktikums und überzeugte mich, dass dies ein Grund zum Feiern sei. Er stellte seine Füße in den Fluss, öffnete mit einem Feuerzeug zwei Flaschen Bier, ließ seinen Oberkörper ins Gras sinken und summte ein Lied der Rolling Stones.

»Gut gemacht«, sagte er.

Am Himmel standen Kondensstreifen und dünne Wolken. Die Sonne spiegelte sich im Wasser. Es war Mitte August und seit Tagen heiß.

»Es gibt jetzt ein Problem«, sagte ich.

»Was denn?«

»Mir fehlt eine Bescheinigung.«

»Ja und?«, fragte Mats.

»Die brauche ich für die Uni.«

Mats richtete sich auf.

»Mhmh ... Bis wann brauchst du die denn?«

»Bis nächsten Monat«, sagte ich. »In sechs Wochen.«

Mats zog sein Handy aus der Hosentasche, wählte eine Nummer und hielt mir seinen Zeigefinger entgegen. Ich verstand das als Aufforderung, mich einen Moment zu gedulden.

»Hallo, Mama«, sagte er. »Hier ist Mats.« Er stand auf

und wanderte, während er telefonierte, barfuß durchs Gras. Ich verstand nicht, worum es ging. Mats klappte sein Handy zu. »Meine Mutter schreibt dir was. Die therapiert Workaholics. Sollst morgen mal vorbeikommen.« Mats hatte mein Problem innerhalb von wenigen Minuten gelöst. Ich hielt ihm mein Bier entgegen, und wir prosteten uns zu.

Die Beratungsstelle für Workaholics war tief im Schwarzwald versteckt. So tief, dass dort kein Handy Empfang hatte und es den Insassen beinahe unmöglich war, von dort aus in die Stadt zu fliehen. Manager, Unternehmensberaterinnen und Staatssekretäre kamen hierher, um ihre Arbeitssucht therapieren zu lassen.

Ich stand vor einem geduckten Holzhaus, die Balkone waren mit Geranien geschmückt, die Fenster mundgeblasen, die Giebel mit Schnitzkunst verziert und die Hecken niedrig. Ich klopfte an die Haustür. Das Holz war so schwer, dass mein Klopfen verhallte. Ich klopfte ein zweites Mal und wartete. Weder sah noch hörte ich, dass jemand im Haus auf mein Klopfen reagierte. Ich ging eine Treppe hinauf, die am Haus vorbeiführte und in einem Garten hinter dem Haus endete. Im Garten rankten sich Rosen und Efeu. Auf einem Beet wuchsen Himbeeren und Tomaten. Unter dem Dach eines Pavillons saßen Menschen in weißen Hemden im Kreis. Sie sahen aus, als diskutierten sie. Als ich näher kam, bemerkten sie mich. Eine Frau in Leinenhose stand auf und drehte sich zu mir. Sie kannte meinen Namen.

»Felix«, rief sie. »Komm zu uns!«

Ich ging Schritt für Schritt auf den Pavillon zu, man sah mich freundlich und neugierig an Männer in weißen Hemden, Frauen in Sommerkleidern. »Ich bin Beate«, sagte die Frau in Leinenhose, »Mats Mutter, setz dich doch.« Ich setzte mich neben Beate, die ich erst seit drei Sekunden kannte, aber schon duzen durfte. Sie stellte mich vor. »Das ist Felix. Felix ist unser neuer Praktikant.« Die Runde klatschte und begrüßte mich.

»Hallo Felix!«

»Willkommen!«

»Schön, dass du da bist!«

»Felix wird die nächsten Wochen bei uns sein«, sagte Beate, sie hatte blonde und graue Haare und war so friedlich wie der Ozean. Sagt man das so? Friedlich wie der Ozean? Egal.

Ich erschrak, weil ich davon ausgegangen war, dass ich mir nur eine Unterschrift abholen musste und dann wieder gehen konnte. Entweder hatte ich Mats falsch verstanden oder Mats mich oder Mats seine Mutter oder seine Mutter Mats. Jetzt saß ich zwischen Frau Ozean und zwölf Workaholics und blickte auf Wochen in der Einöde. Beate erklärte mir, dass man sich jeden Morgen um elf zum Gesprächskreis im Pavillon treffe. Da gehe es dann darum, die eigene Abhängigkeit zu reflektieren und gemeinsam nach Lösungsstrategien zu suchen. Heute sei Bernd an der Reihe. Bernd hob seine Hand.

»Bernd, erzähl deine Geschichte«, sagte Beate.

Bernd rutschte auf die Stuhlkante, schob die Hemdsärmel über die Ellenbogen, strich durch seine ergrauten Haare und seufzte.

»Ich arbeite im mittleren Management eines internationalen Technologieunternehmens«, sagte Bernd. »Zehntausend Mitarbeiter, verteilt auf zwölf Länder.«

»Und ich bin ganz froh, dass du hier bist«, sagte Beate und klatschte in die Hände. Mit etwas Verzögerung klatschten auch die anderen Teilnehmer.

»Ja«, sagte Bernd. »Ich ja auch. Ich will da ja raus, aber ich weiß nicht wie.«

»Warum willst du da raus?«, fragte Beate. Die anderen Teilnehmer schwiegen. Sie bewegten ihren Kopf hin und her wie Zuschauer beim Tennis. Von Bernd zu Beate, von Beate zu Bernd.

»Weil es mich kaputtmacht«, sagte Bernd. »Dieser Druck, ich will das nicht mehr. Ich habe Angst vor meinem Handy. Ich beginne zu zittern, wenn mein Handy vibriert.«

»Das verstehe ich«, sagte Beate. »Wovor hast du Angst?«

Bernd sah ratlos in die Runde. »Wie gesagt: vor meinem Handy.«

»Warum hast du vor deinem Handy Angst?«, fragte Beate. »Das Handy steht ja für etwas.«

Bernd sah auf seine Hand, die Lebenslinien, die Finger, als könne er die Antwort dort ablesen.

»Ich dachte, dass ich freier werde, je weiter ich aufsteige. Aber ich werde nicht freier. Jetzt liege ich nachts wach, schaue Börsennachrichten und starre auf mein Handy. Ich fahre morgens in die Firma und abends nach Hause. Manchmal habe ich das Gefühl, dass ich den Kontakt zur Welt verloren habe. Ich erlebe jeden Sonnenuntergang von meinem Schreibtisch aus oder in einem Besprechungszimmer. Wenn ich auf Dienstreise bin und abends in meinem Hotelzimmer liege, starre ich in die Minibar. Ich gucke stundenlang Fernsehen oder dusche dreimal hintereinander. Je mehr ich arbeite, desto schlechter fühle ich mich. Ich habe Magenschmerzen, Schlafstörungen, Kreislaufprobleme, erhöhten Blutdruck, Angstzustände, Panik, Rückenschmerzen, Kopfschmerzen.«

»Warum arbeitest du dann?«, fragte Beate.

Bernd sah sich um, es war still. Nichts war zu hören außer das Brummen eines Sportflugzeugs. Auf einer Wiese, unterhalb des Gartens, standen Kühe im Gras. Ein geteerter Weg führte ins Tal, er schlängelte sich in Serpentinen an einem Bauernhof vorbei und verlor sich, weiter unten, in einem

Waldstück. »Ich kann nicht anders. Wenn ich nur einen Tag Urlaub mache, beginne ich, mich schlecht zu fühlen«, sagte Bernd. »Ich brauche das.«

»Du brauchst das«, sagte Beate und nickte.

»Ich brauche das«, sagte Bernd.

Stockend begann er von seinem Arbeitsalltag zu erzählen. Dass er morgens, da habe er noch nicht fertig gefrühstückt, zu Hause von einem Fahrer abgeholt werde. Er hasse den Fahrer. Er hasse es, wenn der Fahrer klingele und freundlich einen guten Morgen wünsche. Er hasse seine Mütze und sein lächerliches Grinsen. Er hasse seine Freundlichkeit. Manchmal träume er von ihm, das seien wahrscheinlich die schlimmsten Träume.

Beate hob ihren Arm und formte die Hand zu einem Stoppschild. »Bitte, Bernd. Der Fahrer kann nichts dafür.« Die anderen Teilnehmer nickten. »Der Fahrer kann wirklich nichts dafür«, sagte eine Frau, die Bernd gegenübersaß.

»Ihr habt ja recht«, sagte Bernd. »Der Fahrer kann nichts dafür.« Er öffnete seine geballten Fäuste und legte sie auf seine Oberschenkel. Das Sportflugzeug war vom Himmel verschwunden. Auf einer Wiese, unterhalb des Weges, der ins Tal führte, stand ein Mann und schwang eine Sense über das Gras.

Dann sitze er im Auto, sagte Bernd, kurz nach sieben, den Schlaf noch in den Augen und neben ihm Stapel von Aktenordnern, Briefen, Zeitungen. Er habe dann das Gefühl, der Hemdkragen schnüre ihm die Luft ab. Er sehe die Sonne nicht vor lauter Papier. Seine Haut brenne, die Brust werde eng. Dann sehe er die Autobahnausfahrt, die zu seiner Firma führe, und ihm werde es regelrecht schlecht, wenn er die Ausfahrt sehe, weil er an die Kollegen denken müsse, die ekelhaften.

»Bernd!«, sagte Beate und hob einen Zeigefinger in die Luft. »Die Kollegen können nichts für deine Lage.«

Bernd wog den Kopf hin und her, als überlegte er zu widersprechen. Dann sagte er, mit gesenktem Kopf: »Die Kollegen können nichts dafür.«

Er sei in den letzten Wochen von seinem Chef aufgefordert worden, sich aktiver an Meetings zu beteiligen, weil er seit Wochen immer stiller werde in Besprechungen und Telefonkonferenzen. Er habe begonnen, sich in seinem Büro einzuschließen und die Rollläden herunterzulassen. Er starre manchmal minutenlang an die Wand, ohne etwas zu denken. Er sitze nur da und gucke.

Der Sensenmann zog einen Rechen über die gemähte Wiese, ein Windstoß trug den Geruch von frischem Gras zu uns. Beate strich sich eine Strähne aus dem Gesicht und überschlug ihre Beine.

Er habe immer darüber nachgedacht auszusteigen, sagte Bernd. Seit Jahren denke er darüber nach. Aber zufällig immer, wenn er hinschmeißen wollte, sei er befördert worden: Das Büro sei größer geworden von Jahr zu Jahr, er sei mehr gereist, habe einen Dienstwagen bekommen, einen Fahrer, ein Sekretariat, mehr Geld. Hundert Tage im Jahr sei er im Ausland. Flughafen, Hotel, Meeting, Hotel, Flughafen. »Ich muss kotzen, wenn ich das Wort PowerPoint höre.«

Beate schritt ein. »Nicht der Computer ist schuld«, sagte sie. Bernd nickte und wiederholte, was Beate gesagte hatte. »Nicht der Computer ist schuld.« Er machte wieder eine Pause. Der Mann mit der Sense hatte sich in den Schatten eines Baumes gesetzt und wischte sich Schweiß von der Stirn. Ein Traktor fuhr ins Tal und blieb in den Kurven beinahe stehen, so langsam fuhr er. Die Straße zog sich durch die Wiesen wie ein Reißverschluss. Über den Wäldern flimmerte die Hitze.

Dann habe er, sagte Bernd, vor ein paar Wochen in der Zeitung etwas von einem Aussteigerprogramm für Workaholics gelesen, dass man sich dort anonym beraten lassen könne. Er habe den Artikel ausgeschnitten, ein paar Tage mit sich herumgetragen, eine Weile überlegt und, na ja, jetzt sei er hier.

»Danke, Bernd«, sagte Beate. »Danke, dass du so ehrlich bist.«

Die Runde klatschte. Beate ging ins Haus, um ein Flipchart zu holen. Sie verteilte Filzstifte, jeder Teilnehmer sollte seine Erwartungen notieren. Eine Teilnehmerin zuckte, als sie an das Flipchart trat.

»Ich habe mein Leben lang an Flipcharts schreiben müssen«, sagte sie und ließ den Stift sinken. Beate stand auf, legte ihre Hand auf den Rücken der Teilnehmerin und sagte: »Wenn du nicht auf das Flipchart schreiben willst, dann musst du das nicht. Das verstehe ich vollkommen.« Sie klappte das Flipchart zusammen und trug es zurück ins Haus. Ich schaute in die Runde, alle schwiegen. Unter Bernds Augen traten Augenringe hervor, sie sahen aus wie dunkle Halbmonde.

Um den Umgang mit alltäglichen Herausforderungen zu trainieren, mussten sich die Teilnehmer später ihr Mittagessen selbst zubereiten. Beate teilte vier Gruppen ein.

Die erste Gruppe sollte im Garten Tomaten und Basilikum pflücken, ohne fremde Hilfe. Die Tomaten-Gruppe. Die zweite Gruppe musste, ebenfalls ohne fremde Hilfe, zehn Liter Wasser zum Kochen bringen. Die Wasser-Gruppe. Die dritte Gruppe sollte eine Sauce kochen, mit frischen Tomaten und Basilikum. Die Saucen-Gruppe. Und die vierte Gruppe rieb Parmesan. Das war die Käse-Gruppe.

Die Tomaten-Gruppe bestand aus einer Unternehmensberaterin, dem Besitzer einer Fitness-Center-Kette und Bernd.

Sie stellten sich in den Garten und diskutierten, wie sie vorgehen sollten. Die Unternehmensberaterin meldete einen Führungsanspruch an: Sie bestimmte die Menge der Tomaten, die gepflückt werden sollte, und identifizierte mit wenigen Blicken das Basilikum. Bernd stand zwischen zwei Stauden, er zog kraftlos an zwei unreifen Tomaten. Der Fitness-Mann stakste durch den Kräutergarten, er blieb unsicher zwischen Petersilie und Basilikum stehen und drehte sich zur Anführerin um, die in Birkenstock-Schlappen zwischen den Kräutern stand und mit ausgestrecktem Arm auf die Petersilie zeigte.

Der Fitness-Mann zog die Petersilie samt Wurzel aus dem Boden und streckte sie wie eine Trophäe in die Luft. Bernd hatte inzwischen drei Tomaten geerntet. Er polierte sie mit seiner Schürze und roch an ihnen. »Ich habe mir Tomaten ganz anders vorgestellt«, sagte er. »Viel größer.«

Die Tomaten-Gruppe zog sich, auf Anweisung der Unternehmensberaterin, aus dem Garten zurück und präsentierte in der Küche, unter Applaus aller Teilnehmer, ihre Ausbeute: drei Tomaten und einen Strauch Petersilie.

Die Wasser-Gruppe hatte den größten Topf gefunden, den es zu finden gab, und ihn randvoll mit Wasser gefüllt. Ein nervöser Staatssekretär und die Leiterin eines Internats diskutierten nun, ob man Salz ins Wasser geben müsse. Der Staatssekretär sprach sich vehement gegen Salz aus und setzte sich mit seiner Meinung durch. Die Saucen-Gruppe halbierte die Tomaten und legte sie in eine heiße Pfanne und streute, während die Tomaten bereits anbrannten, Petersilie darüber. Die Käse-Gruppe zertrümmerte ein Stück Parmesan mit einem Fleischklopfer aus Edelstahl. Anführer der Käse-Gruppe war ein aufstrebender Politiker der Jungen Union, er hieß Thomas. Thomas hatte seine Haare streng zur Seite gekämmt und trug ein weißes Hemd mit blauen Streifen. Sobald in der Käse-Gruppe Zweifel aufkamen, ob die Herausforderung zu bewältigen war, mit der man sich konfrontiert sah, sagte Thomas, mit verschränkten Armen und durchgestreckter Wirbelsäule, er sei da »sehr optimistisch« und sehe dem Mittagessen »mit großer Gelassenheit« entgegen.

Währenddessen entdeckte der Staatssekretär die Dunstabzugshaube, er informierte die Wasser-Gruppe über seine Entdeckung und tastete, im Qualm der angebrannten Tomaten, die Armaturen nach dem richtigen Knopf ab. Seine Brille beschlug, Schweiß tropfte von seinem Gesicht. Währenddessen schlich sich Bernd in den Keller, ich folgte ihm in sicherem Abstand. Er öffnete die Tür zu Beates Büro und durchwühlte die Schubladen ihres Schreibtischs. Als er bemerkte, dass ich hinter ihm stand, stieß er einen Schrei aus, sprang auf und entschuldigte sich.

»Was suchst du?«, fragte ich. Bernd sah seine Fingernägel an, Tränen stiegen ihm in die Augen.

»Dein Handy?«, fragte ich.

Bernd nickte. »Heute werden die Quartalszahlen präsentiert«, sagte er. »Wir sind garantiert gewachsen. Das Asiengeschäft ist doch ...« Bernds Stimme versagte. Er schluckte und wischte sich mit seinem Arm die Tränen aus dem Gesicht. »Das Asiengeschäft ist ...« Wieder versagte seine Stimme. Bernd stützte sich mit geballten Fäusten auf dem Schreibtisch ab. Er kniff seine Augen zusammen, sammelte alle Kräfte, öffnete seine Augen wieder und sagte, mit fester Stimme, er hatte seine Fassung wiedergefunden: »Das Asiengeschäft ist mein Baby.«

Ich ging mit Bernd in den Garten, und wir pflückten alle Tomaten, die reif waren. Die Käse-Gruppe hatte den Parmesan inzwischen zu Staub gehämmert, Thomas klopfte den anderen zur Anerkennung auf die Schulter. »Ich finde, wir können stolz auf uns sein«, sagte Thomas. »Das sieht doch ganz hervorragend aus.«

Zweieinhalb Stunden später saßen wir im Garten an einem gedeckten Tisch und aßen ungesalzene und verkochte Spaghetti mit verbrannten Tomaten, schwarzer Petersilie und Bergen von Parmesanstaub. Thomas sprach ein Tischgebet, der Staatssekretär bedankte sich für die Mitarbeit aller Teilnehmer, die Unternehmensberaterin erklärte umständlich, wie es zur Verwechslung von Basilikum und Petersilie kommen konnte, und Bernd saß stumm am Tischende.

Ich blieb einen Monat bei den Workaholics, wir hatten viel Spaß. Sie lernten von Tag zu Tag mehr, und ich zeigte ihnen das unendliche Reich der Trägheit.

Nach acht Tagen Therapie, in einem Anflug von Wut und Weisheit, rammte Bernd, man hatte ihn gerade in die Kräuter-Gruppe eingeteilt, eine Schaufel in die Erde und schrie: »Ich scheiß aufs Asiengeschäft!« Da kam Beate, legte ihre Hand auf Bernds Schulter und sagte: »Die Asiaten können doch nichts dafür!«

»Du hast ja recht«, sagte Bernd. Er zog die Schaufel aus der Erde. »Die Asiaten können nichts dafür.«

ZU HAUSE BLEIBEN FÜR DEN REGENWALD

Nicht erst Bernd, der vom Fleiß in den Wahnsinn getrieben worden war, zeigte mir, dass es gut und gesund ist, faul zu sein. Das Faulsein hat viele gute Folgen.

Ein Aspekt, der in der internationalen Faulheitsforschung bis heute zu kurz kommt, ist der Umweltschutz. Wer faul ist, schützt die Umwelt. Er schützt die Umwelt viel konsequenter als die selbst ernannten Umweltschützer. Die selbst ernannten Umweltschützer diskutieren am liebsten über Umweltschutz, während sie ihr Gepäck am Flughafen aufgeben. Aber da sie auf Bildungsreise sind und ein beinahe ausgestorbenes und ziemlich unterdrücktes Volk in Nordbrasilien besuchen wollen, ist das CO_2, das ihr Flugzeug ausstößt, kein Problem. Es ist moralisch einwandfreies CO_2.

Kürzlich hat irgendeine Studie (man findet sie, wenn man bei Google nach »irgendeine Studie« sucht) herausgefunden, dass die Wähler der Grünen am meisten fliegen.

Das sind dieselben Leute, die sich über die USA aufregen. Weil dort angeblich alle faul sind und mit Elefantenautos zum Zigarettenautomaten fahren. Ich weiß nicht, ob das stimmt. Ich war noch nie in den USA. Ich weiß nur, dass Menschen, die faul sind, gar nicht Auto fahren. Sie bleiben zu Hause. Und das schützt die Umwelt enorm.

Ein Luxus, den ich mir leisten will, falls dieses Buch sehr erfolgreich wird und ich Unmengen Geld verdiene, ist ein Treppenlift. Ich verspreche auch, dass ich ihn mit Ökostrom betreiben werde. Wenn die westlichen Zivilisationen jemals etwas Sinnvolles hervorgebracht haben, dann ist das sicherlich: der Treppenlift.

Sie können mit dem Kauf dieses Buchs dazu beitragen, dass ich bald keine Treppen mehr gehen muss. Spenden Sie! Schon 10 Euro können das Leben eines dicken und faulen Studenten in Ostdeutschland schöner machen. Also meins.

Ich erinnere mich an eine Werbung im öffentlich-rechtlichen Fernsehen, sie kam immer am späten Nachmittag. Sie pries den »Lifta Treppenlift« an. Man sah eine fröhliche Oma, die mit einem Wäschekorb auf dem Schoß die Treppen hoch und runter fuhr. Eigentlich diskriminiert diese Werbung alle jungen Menschen, die sich für einen Treppenlift interessieren.

Aber so ist Werbung! Es werden mal wieder nur die alten, beinkranken Rentner gezeigt. Als ob es nicht Millionen gesunder junger Menschen gibt, die schlicht zu faul sind, Treppen zu laufen.

Jedenfalls strahlte diese grinsende Dame etwas so Verheißungsvolles und Grundzufriedenes aus, dass ich bis zum heutigen Tag davon träume, eines Tages in ein Fachgeschäft zu gehen, mir meinen Mantel abnehmen zu lassen und folgende Sätze so feierlich zu sagen, wie ich nur kann: »Guten Tag, junge Dame. Ich spiele mit dem Gedanken, mir einen Treppenlift anzuschaffen.«

Zurück zur Umwelt. Ich will, im Rahmen meiner bescheidenen Möglichkeiten, im Folgenden rechnerisch beweisen, dass faule Menschen die besten Umweltschützer sind. Ich werde mit groben Schätzwerten arbeiten und mit Mengeneinheiten, die ich erfunden habe. Nehmen wir an, ein Fleißiger fährt jeden Tag 20 Kilometer zur Arbeit. Er fährt also, hin und zurück, jeden Tag 40 Kilometer mit dem Auto. Pro Kilometer verbraucht er 5 Liter BA.

»BA« steht für Böse Abgase. Ein durchschnittlicher Fleißiger verbraucht jeden Tag also 200 Liter BA. 200! Das sind zweimal so viel wie 100! Und ein Fünftel von 1000!

Ein Fauler hingegen bleibt zu Hause. Er verbraucht 0 Liter BA.

Ich spiele mit dem Gedanken, eine politische Kampagne ins Leben zu rufen: Zu Hause bleiben für den Regenwald! Als Erstes versuche ich, den kleinen Mann auf meiner Schulter zu überzeugen, Herrn Häberle.

AUCH JESUS
HING RUM

Es ist sicherlich ein seltsamer Umstand, dass ein kleiner Mann mit Aktenkoffer auf meiner Schulter sitzt und mich kontrolliert. Aber ich habe mich an Herrn Häberle gewöhnt. In manchen stillen Momenten haben wir gute Gespräche. Sofern wir uns aufeinander einlassen. Die meiste Zeit aber streiten wir.

Herr Häberle spricht breites Schwäbisch, zum einen. Zum anderen hört man ihm seine vergeblichen Bemühungen an, Hochdeutsch zu sprechen. Das versucht er vor allem dann, wenn er offiziell klingen will. Oder wenn er versucht, etwas Kluges zu sagen. »Hochmut kommt vor dem Fall«, zum Beispiel. Da klingt er, als zerhacke er den Satz mit einem Beil, da spricht er jede Silbe einzeln. Sein Dialekt macht ihn sympathisch. Aber er macht es ebenso schwer, ihn angemessen wiederzugeben. Deshalb zitiere ich Herrn Häberle hier hauptsächlich auf Hochdeutsch.

In meinem Fall ist nicht nur die Tatsache seiner Existenz beunruhigend, sondern auch, dass der Mann auf meiner Schulter ein sehr viel beschäftigter Mann ist, der morgens mit seinem Daimler zur Arbeit fährt und abends mit seinem Daimler wieder nach Hause. Ich habe bis heute nicht begriffen, wie er zum einen den ganzen Tag auf meiner Schulter sitzen und zum anderen, gleichzeitig, den ganzen Tag arbeiten kann. Aber in der Welt der kleinen Männer, die auf Schultern sitzen, geht das offenbar.

Als ich mein Praktikum bei der Beratungsstelle für Workaholics machte, flüsterte mir Herr Häberle andauernd ein, ich solle nicht zu viel Verständnis haben. Wenn er das Wort »Burn-out« hörte, lachte er laut auf. Und wenn es darum ging, eine Lösung für die Probleme eines überarbeiteten Managers zu finden, dann schrie er: »Der faule Sack soll oifach mal richtig schaffe!«

Es gibt tatsächlich Menschen, die glauben, Arbeit sei die Lösung aller Probleme. Dass Arbeit gut sei gegen Rückenschmerzen, Beziehungsprobleme und vor allem gegen Überarbeitung. Ich glaube nicht, dass die Workaholics, die ich im Schwarzwald kennenlernte, eine Ausnahme sind. Ich glaube eher, dass sehr viele Menschen in Deutschland süchtig sind nach Arbeit. Und dass Urlaub die Kehrseite dieser Sucht ist, sozusagen eine kurze Entziehungskur. Deshalb haben Arbeitgeber auch ein Interesse, dass der Urlaub ihrer Mitarbeiter kurz bleibt. Denn wer lange genug in Kur geht, könnte geheilt werden.

Vor Kurzem habe ich am Flughafen einen Mann im Anzug beobachtet, der in sein Handy hechelte, als sei er gerade mit einem Tretroller auf die Zugspitze gefahren. Er saß da wie die Skulptur seiner selbst: das Handy an sein Ohr gepresst, die Stirn mit Schweiß überzogen, nervös mit beiden Beinen wackelnd.

»Ich muss ein paar Tage raus«, schrie er in sein Telefon. »Mal richtig ausspannen. Am besten ins Kloster.«

Hätte er es nicht selbst gesagt, ich hätte fünfzig Euro gewettet, dass dieser Mann zum Ausspannen ins Kloster geht. Ganz abgeschieden. In der Bibel lesen. Petersilie hacken. Ein Bett aus Stroh.

Was denken eigentlich all die Nonnen und Mönche, die jedes Jahr Workaholics entgegennehmen und reparieren müssen? Das ist sicherlich frustrierend, immer wieder überarbeitete Menschen aufzubauen, nur dass diese Menschen, nunmehr durch zwei Wochen Kloster gestärkt und gefestigt, ein Taxi bestellen, ihr Handy anmachen und sich aufs Neue von der Arbeitswelt demolieren lassen. Was ist das anderes als das Verhalten von Suchtkranken?

Es ist ja auch bezeichnend, dass Workaholics immer wieder Kloster aufsuchen. Sie könnten sich stattdessen ja auch einfach zwei Wochen in einem Keller einschließen oder nach Panama fahren. Vielleicht ist der Besuch des Klosters ein verzweifelter Versuch, zu konvertieren: Für kurze Zeit betet der Workaholic nicht mehr die Arbeit an, sondern Gott.

Herr Häberle akzeptiert diese Argumentation nicht. Im Gegenteil. Er wirft mir regelmäßig vor, ich wolle damit nur meine Faulheit rechtfertigen. Wenn es etwas zu therapieren gebe, dann sei das meine Trägheit – nicht sein Arbeitseifer. Wobei er das Wort Eifer nicht benutzt. Das würde ja bedeuten, sein Verhalten gehe über die Norm hinaus. Seiner Ansicht nach aber ist es ganz normal, so viel zu arbeiten, wie er das tut. »Jeder anständige Bürger arbeitet«, sagt Herr Häberle. Und dann fügt er in versuchtem Hochdeutsch an: »Das gilt natürlich auch für die Bürgerinnen!«

Er bezieht sich dann immer auf die Steinzeit. Immer muss die Steinzeit herhalten, wenn es um die Natur der Menschen geht. Woher wissen die Menschen nur so viel über diese Epoche?

»In der Steinzeit wärst du verhungert«, sagt Herr Häberle dann. Ich will ihm gar nicht widersprechen.

Im Gegenteil: Ich bin vollkommen seiner Meinung. Ziemlich sicher wäre ich in der Steinzeit verhungert. Oder mich hätte, beim Abhalten meines steinzeitlichen Mittagsschlafs, eine Bisonherde zertrampelt.

Aber ich lebe nicht mehr in der Steinzeit. Ich bin ganz froh drum. Und die Menschheit hat seit damals glücklicherweise den einen oder anderen Fortschritt gemacht. »Jeder Mensch muss jagen«, sagt Herr Häberle. Und ich widerspreche ihm natürlich, weil diese Annahme nachweislich falsch ist. Ich weiß gar nicht, ob er das im eigentlichen oder im übertragenen Sinn meint. Hoffentlich Letzteres. Im übertragenen Sinn soll das wohl bedeuten, dass man nur zu essen bekommt, wenn man arbeitet. Und dass die Faulen verhungern sollen. Wenn ich sehe, wie aggressiv Herr Häberle reagiert, wenn ich Arbeit als absoluten Wert hinterfrage, dann bin ich mir sicher, dass es eine Religion der Arbeit gibt. Und dass diese Religion intolerant und gefährlich ist.

Eine entspannte Religion könnte akzeptieren, wenn man ihre Grundfesten infrage stellt. Eine entspannte Religion toleriert, dass es unterschiedliche Meinungen gibt. Die Anhänger der Arbeitsreligion aber unterdrücken jeden Zweifel am ewigen Grundsatz, dass der Mensch die meiste Zeit seines Lebens zu arbeiten habe, tagein und tagaus. Das ist, denke ich, kein Zeichen von Glaubensfestigkeit, sondern eher von unterdrückten Zweifeln und Ängsten. Denn wer wirklich von dem überzeugt ist, was er glaubt, kann entspannt und freundlich mit Andersgläubigen umgehen.

Und ich verstehe natürlich die Zweifel an der Arbeitsreligion. Man muss ins Zweifeln kommen, wenn einem als einzig mögliche Reaktion auf das Wunder und den Zufall, dass man auf dieser Erde geboren wurde, ewiges Arbeiten angeboten wird. Man muss ins Zweifeln kommen, wenn man die Begrenztheit des Lebens mit Rheumastühlen in Großraumbüros, Warten im Pendlerstau und Anstehen in der Betriebskantine beantwortet. Diese Zweifel sind gut. Man sollte sie zulassen.

Ich glaube, die Arbeitsreligion hat das Zeitalter der Reformation und der Aufklärung noch vor sich. Ich warte auf den Tag, an dem ein neuer Martin Luther zehn Thesen an die Arbeitsagentur in Nürnberg anschlägt. Ich hätte da ein paar Vorschläge.

1. These: Arbeit ist scheiße.
2. These: Jeder Mensch hat das gottgegebene Recht auf Faulheit.
3. These: Das Arbeiten in einem Großraumbüro verletzt die Würde des Menschen.
4. These: Es sollte bei allen Strafen verboten sein, sich mittags mit »Mahlzeit« zu begrüßen.
5. These: Das Praktikum wird abgeschafft. Außer als Strafe für diejenigen, die sich mittags mit »Mahlzeit« begrüßen.
6. These: Kantinen werden abgeschafft.
7. These: Abteilungsleiter und Vorstandsvorsitzende werden entmachtet. Zur Entschädigung bekommen sie eine Modelleisenbahn oder wahlweise eine Kapitänsmütze. Gilt auch für Abteilungsleiterinnen.
8. These: Wer will, darf ausschlafen.
9. These: Jeder Fleißige hat Anspruch auf eine Therapie.
10. These: Jesus war Zimmermann. Aber er ist auch ziemlich viel rumgehangen.

Ich weiß nicht, was Herr Häberle machen würde, wenn endlich die Reformation über die Arbeitsreligion hereinbräche. Wahrscheinlich würde er tagelang mit seinem Daimler durch die Landschaft fahren und stumpf durch die Windschutzscheibe starren. Er müsste dann mit meiner Schadenfreude umgehen. Seit Jahren sitzt er auf meiner Schulter und stört mich beim Nichtstun. In der unumstößlichen Gewissheit, er stehe auf der richtigen Seite der Geschichte. Und dann, zack, kommt die Reformation. Ein bisschen Häme könnte ich mir da nicht verkneifen. Obwohl ich überhaupt nichts gegen ihn habe.

Ich habe auch nichts dagegen, dass er viel arbeitet. Das darf und soll er. Es stört mich nur, wenn er sich moralisch über mich erhebt, weil ich weniger arbeite als er. Menschen, die viel arbeiten, sind nicht mehr wert als Menschen, die wenig oder überhaupt nicht arbeiten. Das ist eigentlich selbstverständlich. Sollte es sein. Ist es aber offenbar nicht.

Wenn ich Herrn Häberle provozieren will, das kommt hin und wieder vor, ich verstehe das als Selbstverteidigung, dann frage ich ihn, wovor er wegrennt.

»Wegrennen?«, fragt er. »Wieso?«

»Das viele Arbeiten, damit verdrängen Sie doch was«, sage ich. Nebenbei: Wir siezen uns noch immer. Beziehungsweise sieze ich ihn, und er duzt mich. Er versucht, mich zu siezen. Aber immer wenn er wütend ist, verfällt er ins Du. Und wütend ist er fast immer.

»Unsinn«, sagt Herr Häberle. »Absoluter Quatsch!«

»Und was würden Sie machen, wenn Sie drei Millionen Euro im Lotto gewinnen würden?«, frage ich.

Herr Häberle verstummt. Entweder er täuscht vor, dass er meine Frage nicht gehört hat. Oder er überlegt.

»Dann würde ich in den Urlaub fahren«, sagt er.

»Wie lange?«, frage ich.

»Ein paar Monate vielleicht«, sagt er.

»Und wenn Sie zurückkehren?«

»Dann würde ich die Garage aufräumen«, sagt Herr Häberle. »Und neu streichen.«

»Sie können nicht ohne Arbeit, oder?«

»Was heißt hier können?«, fragt Herr Häberle. »Ich muss arbeiten, um meine Familie zu ernähren. Jeder muss arbeiten.«

Punkt für ihn. Den Umstand, dass man arbeiten muss, um zu überleben, kann ich nicht wegdiskutieren, nicht in dieser Welt.

»Aber ich frage Sie doch, was Sie tun würden, wenn Sie drei Millionen Euro im Lotto gewinnen würden?«, sage ich.

»Das ist doch Quatsch«, sagt Herr Häberle. Das Wort Quatsch ist ein Signalwort: Es zeigt meistens an, dass er nicht mehr diskutieren will. Er fummelt am Schloss seines Aktenkoffers herum und flucht. »Fauler Sack!«

Und dann schaue ich ihn an und sage: »Entspannen Sie sich. Auch Jesus hing rum!«

VOLKSKRANKHEIT FLEISS

Der zuverlässigste Weg, konsequent faul zu sein, ist die Vereinzelung. Natürlich kann man auch zu zweit faul sein oder in Gruppen. Nur, dann besteht immer die Gefahr, dass jemand ausbricht. Man kann sagen: Jede Mannschaft ist nur so faul wie ihr fleißigster Mitspieler.

Es gibt nur wenige Menschen, denen man zutrauen kann, die Sache der Faulheit ernst zu nehmen. Ich habe es leider zu oft erlebt. In den seltenen Momenten meines Studiums, in denen ich ganze Gruppen zum Faulsein bewegen konnte, musste ich hilflos mitansehen, wie Teile der Gruppe früher oder später dem Fleiß anheimfielen. Das ist traurig und schockierend. Beispielsweise habe ich im Hörsaal, bevor die Vorlesung begann, Freunde und Kommilitonen in mühevoller Kleinarbeit davon überzeugt, dass es sinnvoller sei, diesen Raum umgehend zu verlassen, Bier zu kaufen und sich auf eine Wiese zu legen und ein paar Grashalme platt zu drücken. Es gelang mir, weil die Argumente auf meiner Seite waren. Es ist schlicht nicht sinnvoll, neunzig Minuten stumm auf zu kleinen Stühlen zu sitzen und einen Dozenten anzustarren. Das versteht jeder, wenn er mal nachdenkt.

Und als wir dann dort lagen und die Sonne schien, in der

Stadt mit den meisten Sonnenstunden Deutschlands, und alles in bester Ordnung war, begann irgendjemand von der Klausur zu erzählen, die anstand.

Und dann sagte der Nächste: »Oje, die Klausur«.

Und die Übernächste: »Verdammt, die Klausur. Ich habe echt noch gaaar nichts gemacht!«

Und die Überübernächste sagte: »Scheiße, ich muss heute echt noch mal für ein paar Stunden in die Bib!«

Ich verstehe bis heute nicht, wie man so etwas Monströses wie die Universitätsbibliothek »Bib« nennen kann. Aber es geht noch schlimmer. Es gibt Studenten in diesem Land, die nennen diese Flüsterhölle liebevoll »Bibo«. Das ist meiner Meinung nach eine gefährliche Verharmlosung.

Jedenfalls lagen wir auf dieser Wiese, und alles war gut, bis jemand mit einer beiläufigen Bemerkung über die bevorstehende Klausur eine apokalyptische Spirale in Gang setzte, die darin gipfelte (können apokalyptische Spiralen überhaupt gipfeln?), dass eine Kommilitonin nervös aufsprang, um die nächste Bahn zu erreichen, die zur Bibliothek fuhr.

Sie löste damit eine wahre Massenpanik aus. Immer mehr Kommilitonen sprangen auf und trampelten über die Wiese. Ein Strom an lernwütigen Nashörnern rannte auf die Straßenbahn zu. Staub wirbelte auf. Sie kämpften um ihr Leben. Es ist erschreckend, was die Volkskrankheit Fleiß mit Menschen macht. Gesunde, träge Studenten werden vom einen auf den anderen Moment zu Monstern.

Ich glaube, die Gefahr, dass ich mich anstecke, war und ist gering. Es ist dennoch nicht leicht, andauernd von Menschen umgeben zu sein, die vom Fleiß befallen sind. Deshalb glaube ich inzwischen: Faulsein und Alleinsein gehen Hand in Hand. Ich hatte eine Phase in meinem Studium, da guckte ich wochenlang die Serie »24« mit Kiefer Sutherland. Da geht es um Geschwindigkeit, Action und die verrinnende Zeit. Die Serie stand in schönem Kontrast zu meiner Lebensweise. Ich ließ die Rollläden herunter, machte mir eine Schüssel Cornflakes, legte mich ins Bett und schaute Folge für Folge, bis es draußen so dunkel war, dass ich die Rollläden wieder öffnen konnte.

Das Ziel war, die Zeit zu vergessen. Oder eine eigene Zeitrechnung zu etablieren. Um von taktgebenden Faktoren, wie beispielsweise den Öffnungszeiten von Supermärkten, unabhängig zu sein, traf ich einige Vorbereitungen: Ich kaufte Milch und Müsli in Familienportionen, sagte Verabredungen ab, schaltete mein Handy aus und polsterte mein Bett mit allen Kissen, die ich fand.

Es ist sicherlich kein idealer Zustand, dass man sich als Fauler in diesem Land verstecken muss. Aber solange das öffentliche Faulsein noch nicht restlos respektiert ist, akzeptiere ich den gelegentlichen Rückzug ins Private. Ein guter Gradmesser für die Akzeptanz von Faulen im öffentlichen Raum ist der Umgang mit schlafenden Menschen.

Es gibt Länder, zum Beispiel einige Länder im Mittelmeerraum, da schlafen Menschen stundenlang im Park, ohne gestört zu werden. Wer sich in Deutschland auf eine alte Zeitung oder eine Bank legt, um ein bisschen zu schlafen, wird seltsam angeschaut oder von der Polizei kontrolliert, weil Menschen, die am helllichten Tag im Park schlafen, nach deutschem Verständnis nicht ganz normal sein können.

Oder wie oft wurde ich schon im Bus geweckt, weil ein Mensch glaubte, einen Schlafenden im Bus müsste man gezwungenermaßen wecken, da ja die Gefahr besteht, dass er gerade seinen Ausstieg verpasst. Dabei war ich nur aus einem Grund in den Bus gestiegen: Ich wollte ein paar Stunden schlafen.

In Schwaben trauen sich Menschen nicht, tagsüber einen Spaziergang durch ihr Dorf zu machen. Weil sie damit ihren Nachbarn signalisieren könnten, dass sie nicht ausgelastet sind. Stattdessen sitzen sie unter einer hässlichen Markise im Garten. Wenn Schwaben faul sind, dann nur hinter sehr hohen, blickdichten Hecken. Und nur für wenige Minuten.

Ich hoffe, dass ich es noch erleben werde, dass man in diesem Land öffentlich faul sein darf. Es wird mit ein paar schlafenden Menschen beginnen. Dann wird es größer und größer werden und in einer Massenbewegung enden. Unser Tahrir wird der Stuttgarter Schlossplatz sein, unsere Faulheit wird im Epizentrum des Leistungsterrors zuschlagen – und sie wird gnadenlos sein. Mal sehen. Vorausgesetzt, wir haben überhaupt Lust. Und verpassen nicht die S-Bahn.

Gute Orte, an denen man ungestört faul sein kann, sind übrigens Wiesen und Wälder. Ich empfehle Faulen unbedingt ein Studium in Freiburg. Der Schwarzwald bietet unbegrenzte Möglichkeiten, stundenlang herumzusitzen und zu starren.

Ich entdeckte im zweiten Jahr meines Studiums, am Ende eines Tals, eine Bank, die mir von erhöhter Position ermöglichte, auf Wiesen und Felder zu schauen. Die Bank stand am Waldrand neben einem verwitterten Kruzifix. Da waren wir: Jesus und ich. Stundenlang guckten wir regungslos ins Tal. Einer fauler als der andere. Einmal kam ein Bauer vorbei, er sah mich an.

»Es regnet bald«, sagte er.

»Wann?«, fragte ich.

»Übermorgen«, sagte der Bauer. Dann legte er eine Hand an seinen Hut und verabschiedete sich. Am nächsten Tag, ich saß wieder auf der Bank, kam er ein zweites Mal.

»Es regnet bald«, sagte er.

»Wann?«, fragte ich.

»Morgen«, sagte der Bauer.

Am nächsten Tag regnete es. Ich blieb zu Hause und machte bei geöffneten Fenstern Mittagsschlaf. Vor dem Einschlafen hörte ich, wie die Regentropfen auf die Blätter fielen und von den Blättern auf den Boden. Abends, als es aufgehört hatte zu regnen, fuhr ich in den Wald.

Ich weiß nicht, was ich im Wald tun soll, außer herumzulaufen und zu sitzen. Ich habe Angst davor, Pilze zu pflücken. Ich bin mir sicher, dass der erste Pilz, den ich pflücken und essen werde, tödlich sein wird. Das nennt man das Pech des Tüchtigen.

Also suchte ich mir einen Baumstamm, setzte mich hin und hörte den Vögeln zu. Und während ich dort saß, tagein und tagaus, geriet mein Studium außer Kontrolle. So sehr, dass ich es nach zweieinhalb Jahren abbrach.

Ich werde schildern, wie das passierte. Aber erst im überübernächsten Kapitel. Dieses Kapitel ist hier zu Ende. Sie merken: Die Kapitel werden kürzer.

Aber so ist das eben, wenn ein Fauler versucht, ein Buch zu schreiben.

Sie haben es übrigens bald geschafft: Es sind nur noch 30 Seiten.

EWIG BLINKT
DER CURSOR.

Noch nie in meinem Leben habe ich so viel am Stück geschrieben wie für dieses Buch. Ich bin jetzt bei Seite 190, also habe ich noch grob 30 Seiten vor mir. Sie auch übrigens. Aber Sie müssen nur lesen und nicht schreiben, das geht in der Regel schneller. Und Sie müssen ja nicht. Außer, Sie sind Schwabe. Dann wollen Sie, egal, wie schlecht Sie dieses Buch finden, jeden Buchstaben gelesen haben. Weil Sie ja auch jeden Buchstaben bezahlt haben. Dann lesen Sie auch das Impressum, die Danksagung und den Klappentext. Nichts soll liegen bleiben, jeder Krümel wird gegessen.

Es ist jetzt, während ich das schreibe, Anfang August, der 7. August, 12.45 Uhr, bis Ende August muss ich fertig sein. Es bleiben mir also noch grob drei Wochen, genau 24 Tage. Jeden Tag kann ich nicht schreiben. Denn nach wenigen Tagen kommt das Wochenende. Und am Wochenende arbeite ich natürlich nicht. Wer am Wochenende arbeitet, rennt sehenden Auges in den Burn-out. Das Wochenende beginnt Freitagnachmittag und endet Montagmittag. Oder es beginnt donnerstags und endet dienstags.

Auch an Werktagen kommt mir oft etwas dazwischen. Hunger. Müdigkeit. Schlechtes Wetter. Gutes Wetter. Das Internet. Das Problem ist, dass die Ausreden schneller sind als meine Finger: Wenn ich zu Hause am Küchentisch meinen Computer aufklappe, mir einen Kaffee koche und zu schreiben beginnen will, dann merke ich, noch bevor ich anfange, dass ich zu Hause gar nicht schreiben kann. Und dann fällt mir ein Experte ein, irgendwo habe ich von ihm gelesen, der sagt, man muss Arbeiten und Wohnen räumlich trennen.

Dann klappe ich den Computer wieder zusammen, stecke ihn in meinen Rucksack und setze mich in ein Café, schließlich soll man auf Experten hören. Hier brechen sofortige Koordinationsschwierigkeiten über mich herein, die mich daran hindern anzufangen: Beginne ich zu schreiben, oder bestelle ich erst? Esse ich das Croissant, bevor ich meinen Computer aufklappe oder während ich schreibe? Warum wackelt der Tisch? Weshalb ist das Radio so laut? Wo ist die Toilette? Warum zerbröselt das Croissant? Wo ist die nächste Steckdose? Wie lange hält mein Akku durch, wenn ich keine Steckdose finde?

Und dann merke ich, dass ich in einem Café überhaupt nicht schreiben kann. Alleine schon aus dem Grund, weil ich mich sofort aus der Vogelperspektive sehe, wie ich als verschlafener Student mit einem MacBook in einem Café sitze und über mein Leben schreibe, und dann gar nicht schnell genug fliehen kann vor diesem Klischee. Und dann klappe ich meinen Computer zu und fahre in die Bibliothek. Obwohl ich schon vor Betreten der Bibliothek weiß, dass dieses Vorhaben scheitern wird. Aber immer wieder aufs Neue rede ich mir ein, ich könnte eine bis dahin unentdeckte Ecke im letzten Winkel der Bibliothek finden, in der ich, von der Menschheit abgeschirmt und mit Fensterblick nach draußen, zu schreiben beginne und nicht mehr aufhöre, bevor die Sonne untergegangen ist.

Und dann sitze ich in einer Halle von tippenden und hustenden Menschen, es ist schwül, und die Zeit vergeht, und ich zweifle an der Gewissheit des Experten, der sagte, man müsse Arbeiten und Wohnen räumlich trennen. Und dann klappe ich meinen Computer zusammen und fahre nach Hause.

Dann sitze ich wieder am Küchentisch und mache mir einen Kaffee und frage mich, ob die Fenster geschlossen sein sollen oder geöffnet. Wenn sie geschlossen sind, dann kann ich nicht arbeiten, weil mir Sauerstoff fehlt, und Sauerstoff braucht man zum Denken. Wenn sie geöffnet sind, dann kann ich nicht arbeiten, weil die Straße so laut ist. Dann höre ich Menschen, die sich auf dem Gehweg streiten. Mal gucken, was da los ist, denke ich dann und stehe am Fenster und gucke nach unten. Und dann sehe ich, dass mein Nachbar gegenüber auch am Fenster steht und guckt. Er sieht mich, ich sehe ihn. Er hebt seine Hand zum Gruß, ich nicke. Ich setze mich wieder vor meinen Computer. Mein Nachbar sieht noch immer zu mir herüber. Ich frage mich, was er denkt. Ob er sich fragt, was ich den ganzen Tag mache. Warum sich erst um zwölf Uhr mittags etwas in meiner Wohnung tut. Warum ich stundenlang vor einem Computer sitze. Warum ich jeden Tag einkaufen gehe.

Ich stehe auf und gehe durch die Wohnung. Der Fernseher ist auf Standby, ich ziehe den Stecker. Im Bad brennt Licht, ich mach es aus. Die Waschmaschine hat fertig gewaschen. Ich öffne sie, ziehe die Kleider aus der Trommel, hänge sie auf und schaue dabei Fernsehen, nur kurz. Nur solange ich die Wäsche aufhänge. Dann schalte ich den Fernseher wieder aus und ziehe den Stecker.

Und dann öffne ich den Kühlschrank und sehe, dass mir Milch fehlt. Und wenn ich keine Milch habe, dann kann ich auch keinen Kaffee trinken. Und wenn ich keinen Kaffee habe, dann kann ich nicht schreiben. Also klappe ich meinen Computer zu und gehe in den Supermarkt. Wenn ich in den Supermarkt gehe, kann ich gleich die Pfandflaschen mitnehmen. Ich sortiere die Flaschen in der Küche, packe einen Beutel mit Pfandflaschen und einen Beutel mit Altglas. Wenn ich die Pfandflaschen wegbringe, dann kann ich auch gleich das Altglas wegbringen. Ich laufe zum Altglascontainer, der ist ein Stück entfernt. Auf dem Weg kaufe ich mir eine Zeitung. Ich sortiere das Altglas, stopfe den Beutel und die Zeitung in meinen Rucksack und gehe in den Supermarkt. Im Supermarkt ist der Pfandautomat defekt. Ich warte in einer Schlange von zehn Menschen. Alle schimpfen, außer mir.

Weil mich das Warten in dieser Schlange davon abhält, dass ich an den Küchentisch zurückkehre und meinen Computer aufklappe. Ich bin entspannt und warte.

Im Regal für Zerealien entdecke ich ein Müsli, das es in meiner Kindheit gab. Ich muss mehr Milch kaufen, denke ich. Milch für den Kaffee und Milch für das Müsli. Der Pfandautomat ist wieder repariert, die Schlange wird kürzer. Ich schiebe Flasche für Flasche in den Automaten und höre eine Durchsage, die mich informiert, dass es diese Woche Mineralwasser im Angebot gibt. Ich brauche Mineralwasser, denke ich. Der Automat wirft einen Pfandbon aus. Ich stecke ihn in meinen Geldbeutel. Ich hole Milch aus dem Kühlregal und eine Packung Mineralwasser. Die Zeit vergeht, zum Arbeiten bleiben nur noch vier Stunden. Weil ich höchstens bis zur »Tagesschau« arbeiten kann, nicht länger. Ich zahle und gehe. Auf dem Weg nach Hause fällt mir ein, dass ich den Pfandbon nicht eingelöst habe. Ich drehe um, stelle mich an der Kasse an und löse ihn ein. Jetzt sind es noch dreieinhalb Stunden bis zur »Tagesschau«.

Zu Hause mache ich mir Kaffee, erwärme Milch auf dem Herd, öffne die Fenster, schließe die Fenster, die Milch kocht über, ich schrubbe die Herdplatte, kippe die übrig gebliebene Milch in den Kaffee, stelle den Kaffee neben meinen Computer, mache das Radio an, es kommt ein Interview mit einem Experten, ich höre kurz zu, mache das Radio aus, lese meine Mails, stelle den Router aus und beginne zu schreiben. Während ich anfange zu schreiben, fällt mir ein, was ich in der Nacht geträumt habe. Wirres Zeug. Immer musste ich irgendwo hinterherrennen und war immer ein bisschen zu langsam, mein Ziel war in einer Seifenblase gefangen, und meine Füße waren schwer. Ich denke darüber nach, warum so viele Menschen davon träumen, dass sie etwas verpassen oder einer Sache hinterherrennen oder etwas nicht erreichen, ich denke über die Symbolik dieser Träume nach. Und warum ich so selten davon höre, dass jemand in seinem Traum die Leistung vollbringt, das verzweifelte Hinterherrennen einfach abzubrechen, sich zurückzulehnen und zu entspannen. Mir gelingt das jedenfalls nicht.

Oft muss ich mich in meinen Träumen rechtfertigen. Das latente Gefühl, das mich tagsüber beschleicht, wenn ich es wieder nicht geschafft habe, vor zwölf Uhr aufzustehen, und draußen arbeitet die ganze Welt schon seit Stunden, verwandelt sich nachts in einen zugespitzten Traum, der in seiner Absurdität auch lustig ist; ich wache auf und lache über diesen Traum: Ich liege in einem Bett, und alle vier Wände, die mich umgeben, werden von Männern mit Presslufthammern eingerissen. Und als die Wände eingerissen sind, schütteln die Männer erst den Kopf, und dann lachen sie.

Ich lese bei Wikipedia einen Eintrag über das Träumen. Der Browser schiebt sich über die Textdatei, an der ich eigentlich arbeiten sollte, in der noch immer ein Cursor auf einer weißen Seite blinkt. Im Browser öffnet sich Fenster für Fenster, Querverweis für Querverweis. Ich schließe den

Browser wieder und gucke auf die weiße Seite. Der Cursor blinkt. Der Kaffee ist inzwischen wieder kalt. Von draußen höre ich die Geräusche der Straße: Kinder, ein Auto, ein streitendes Paar. Die Wolken färben sich orange und rot, noch eine Stunde bis zur »Tagesschau«. Ich denke darüber nach, wie viel ich in einer Stunde schreiben kann. Ob ich in einer Stunde überhaupt etwas schreiben kann. Ich mache mir neuen Kaffee, die Kaffeekanne pfeift auf dem Herd. Mein Magen schmerzt. Noch 45 Minuten.

Auf der weißen Seite blinkt noch immer der Cursor. Auf der Straße ist jetzt Stau, Feierabendverkehr. Ich sehe, wie die Menschen nach Hause kommen, ihre Wohnung aufschließen, das Licht in der Küche anmachen. Ich stelle mir vor, wie es sich wohl anfühlt, nach getaner Arbeit den Aktenkoffer abzustellen, die Krawatte zu lockern, die Jacke an die Garderobe zu hängen. Ich rate Berufe. Was arbeitet der Nachbar wohl: Steuerberater? Friseur? Lehrer? Wie viele Stunden hat er heute gearbeitet? Ich mache das Licht an, es ist dunkel geworden. Ich schließe die Gardinen und öffne sie wieder. Ich mache mir ein Müsli und esse im Stehen, am geöffneten Fenster. Der Stau hat sich aufgelöst. Die Straße ist still. In den Wohnungen gehen die Lichter an. Mein Computer leuchtet auf dem Küchentisch. Die Seite ist weiß. Der Cursor blinkt.

Ich habe noch immer kein Wort geschrieben, kein einziges. Ich gehe heute früh schlafen, denke ich. Ich schlafe früh und schreibe morgen.

IHR SOHN IST NICHT FAUL, ER IST NUR DUMM.

Es gibt ja Eltern, die finden alles toll, was ihre Kinder machen. Wenn der Sohn beispielsweise eine Bank überfällt, dann ist das in ihren Augen keine Straftat, sondern eine engagierte und mutige Kritik des Finanzsystems. Und wenn ihre Tochter, was für einige Eltern viel schlimmer ist, eine Fünf in Mathe schreibt, dann ist nicht die Tochter schuld, die arme, sondern der neue Referendar.

Bei meinen Eltern war das anders. Sie fanden zwar immer toll, was ich gemacht habe. Auch wenn das meistens nicht sehr viel war. Aber sie haben nicht widersprochen, wenn die Lehrer beim Sprechtag anfingen, meine Versäumnisse aufzuzählen. Warum sollten sie auch? Die Lehrer hatten ja recht.

Meine Eltern bekamen immer wieder diesen einen Satz zu hören. Ich erinnere mich nicht mehr genau an den Wortlaut. Ich glaube, er hieß »Ihr Sohn ist nicht faul, er ist nur dumm«. Oder hieß er »Ihr Sohn ist nicht nur faul, er ist auch dumm«? Ich weiß es nicht mehr. Ich muss mal nachfragen.

Eltern entwickeln die krudesten Theorien, wenn es darum geht, ihre Kinder in Schutz zu nehmen. Sie berufen sich eher auf das Atomunglück von Tschernobyl, die Weltwirtschaftslage, die Globalisierung und den Islamischen Staat, als schlicht und einfach zuzugeben, dass ihr Kind faul ist. Oder dumm. Warum stehen sie nicht selbstbewusst zu der Haltung ihres Kindes? In einer idealen Welt müsste ein Elterngespräch folgendermaßen ablaufen.

Der Lehrer: »Es freut mich, dass Sie gekommen sind. Wir müssen dringend über Tim sprechen. Seine Leistungen stürzen rapide ab. Wir haben den Eindruck, dass er weder Hausaufgaben macht noch für Klausuren lernt.«

Dann die Mutter: »Ihre Beobachtung ist richtig. Tim hat sich vor einigen Wochen entschieden, in vollkommener Faulheit zu leben.«

Dann fragt der Lehrer: »Ja, und? Was wollen Sie dagegen unternehmen?«

Der Vater: »Was wir dagegen unternehmen wollen? Selbstverständlich nichts. Wir akzeptieren Tims Entscheidung voll und ganz und unterstützen ihn mit allen Kräften.«

Neulich habe ich in der Straßenbahn ein Gespräch zwischen zwei Müttern belauscht. Wobei ich das Gespräch in Wahrheit nicht belauscht habe. Im Gegenteil. Ich war gezwungen, es mitzuhören. In solchen Momenten frage ich mich, warum es uns Gott ermöglicht hat, die Augen zu schließen, aber nicht die Ohren. Mutter 1 versuchte herauszufinden, warum ihr Sohn nur noch Playstation spielt und immer schlechter in der Schule wird.

Mutter 1: »Ich weiß einfach nicht, was mit ihm los ist. Er ist so, na, wie soll ich sagen … träge!«
Mutter 2: »So sind die in dem Alter, das sind die Hormone. Kenne ich von meinem Manuel.«
»Aber er macht nichts mehr, außer Playstation zu spielen und Fertigpizza zu essen.«

»*Das kann auch ADS sein, müsst ihr echt mal testen lassen. Haben wir bei Manuel auch gemacht.*«

»Und?«

»*Nichts. Zum Glück. Er ist nur manchmal unterzuckert, sagt der Arzt.*«

Pause. Schweigen. Mutter 2 starrt aus dem Fenster.

»Meine Schwiegermutter meint, dass er vielleicht verliebt ist.«

»*Oder es ist halt der Druck. Ist ja Wahnsinn, was die heute alles lernen müssen.*«

»Mhm, ja. Echt Wahnsinn. Und Papa sagt, er sei lernbehindert.«

»*Ach, Unsinn! Lernbehindert? Nein, hör mal, Beate. Es sind einfach auch andere Zeiten heute. Was die alles in den Nachrichten sehen: Syrien, dieses ISIS, Wladimir Putin. Das sind doch ganz andere Herausforderungen heute.*«

»Ja, das hat meine Mutter auch gesagt.«

»*Überhaupt, die neuen Medien. Facebook, YouTube, solche Sachen. Ist doch klar, dass die Kinder sich da verlieren.*«

»Das sehe ich auch ganz kritisch. Überhaupt, die Bildschirme um ihn herum. Ich habe ja keine Ahnung, was er da ständig macht.«

»*Ach, das mit dem Internet und den Medien. Das kannst du ihm letztendlich gar nicht anlasten. Das macht die Kinder einfach träge. Habe ich neulich so eine Studie gelesen. Von so einem Psychologen. Das solltest du ihm nicht anlasten.*«

»Weiß ich doch. Tu ich ja gar nicht.«

»*Aber weißt du, was ihr unbedingt testen lassen müsst: die Schilddrüse. Haben wir bei Manuel auch gemacht.*«

»Die Schilddrüse?«

»*Unbedingt testen lassen. Vielleicht hat er eine Unterfunktion. Kann nämlich auch sein. Ist ja ganz oft Ursache für so eine Trägheit, wie du sie beschreibst. Ganz typisch.*«

»Vielleicht muss er aufs Internat?«
»*Rate ich unbedingt davon ab. Reißt ihn jetzt bloß nicht aus seinem Umfeld. Ist in dem Alter echt Gift!*«
»Weißt du, was ich mich manchmal frage?«
»*Was denn?*«
»Ob wir nicht genug gekuschelt haben mit ihm.«
»*Ach, Beate! Ihr wart doch ganz süß und liebevoll mit ihm. Das ist doch wirklich Unsinn. Das ist eher was Gesundheitliches ... oder halt die Ernährung.*«
»Er muss jetzt Vitamintabletten nehmen. Habe ich durchgesetzt.«
»*Na, schau mal, Beate. Das ist doch ein super Anfang!*«

Dann stiegen Mutter 1 und Mutter 2 aus. Ich konnte ihnen leider nicht mehr sagen, was ich sagen wollte. Sonst hätte ich ihnen ungefähr Folgendes gesagt:

Er ist nicht psychisch gestört, wenn er nur Playstation spielt. Er spielt Playstation, weil es Spaß macht, Playstation zu spielen. Vorausgesetzt, man hat die richtigen Spiele. Wenn ihr ihm unbedingt was Gutes tun wollt, dann kümmert euch drum, dass er die richtigen Spiele bekommt. Fragt ihn aber vorher, ob er lieber Rennspiele, Ballerspiele oder Sportspiele mag. Bewerft ihn nicht andauernd mit Sellerie und Vitamintabletten. Gebt ihm zehn Euro, damit er sich eine Fertigpizza kaufen kann. Lasst ihn Fertigpizza essen, so viel er will. Stört ihn nicht, wenn er an der Playstation gerade Jagd auf Zombies macht. Denn es ist nicht leicht, Jagd auf Zombies zu machen. Es erfordert volle Konzentration.

Wenn er nicht lernt, dann ist er nicht lernbehindert und hat wahrscheinlich auch kein ADS. Er hat einfach keine Lust zu lernen, weil Lernen in 97 von 100 Fällen keinen Spaß macht.

Wenn er nur auf dem Sofa liegt, dann hat er keine Schilddrüsenunterfunktion. Dann liegt er einfach nur gerne auf dem Sofa, weil es dort warm und weich ist. Und weil es Spaß macht, nichts zu tun.

Wenn er nicht mit euch sprechen will, dann müsst ihr nicht zum Familientherapeuten. Ihr müsst einfach nur wissen, dass es manchmal anstrengend ist zu sprechen. Vor allem mit so hysterischen Ziegen wie euch.

Wenn er keine Lust hat, mit der ganzen Familie Monopoly zu spielen, dann müsst ihr nicht besorgt eure Eltern anrufen. Er ist dann nicht zwangsläufig ein Psychopath. Wenn er auf Ausflügen lieber im Auto sitzen bleibt, als mit euch eine alte Fichte zu umarmen, dann ist nicht er komisch. Ihr solltet ihn nicht zwingen, eine alte Fichte zu umarmen. Er zwingt euch ja auch nicht, an der Playstation Jagd auf Zombies zu machen. Und wenn er dann irgendwann an eure Tür klopft und nach Geld für ein Buch fragt, dann gebt ihm das Geld, wie ihr ihm Geld gegeben habt, als er sich Fertigpizza kaufen wollte. Aber fallt ihm nicht um den Hals vor Freude. Es ist kein positiver Verstärker, wenn ihr das tut. Im Gegenteil. Nichts verschreckt einen Faulen mehr, als wenn man ihn bei seinen Ambitionen ertappt. Denn er wird Ambitionen entwickeln. Aber nur, wenn er das Gefühl hat, dabei unbeobachtet zu sein.

VERBRANNTE ERDE

Die nächsten Wochen in der Freiburger Universitätsbibliothek, die auch meine letzten sein sollten, waren von einer merkwürdigen Unruhe geprägt. Mir fiel abwechselnd nichts und alles ein, was ich als Nächstes studieren könnte.

Im Internet machte ich einen Test, der mir beantworten sollte, was das richtige Studienfach für mich war. Im ersten Schritt fragte der Test, welche Tätigkeiten mich interessierten. Auf einer Skala von »gar nicht« bis »sehr« sollte ich beurteilen, wie sehr es mich interessierte, die Funktionsweise eines GPS-Systems zu verbessern, etwas pantomimisch darzustellen, einen Konstruktionsplan zu entwerfen, Sportarten intensiv zu trainieren oder unerforschten Fragen nachzugehen. Einen Moment lang dachte ich darüber nach, ob es viele Menschen gibt, die sich sowohl dafür interessieren, die Funktionsweise eines GPS-Systems zu verbessern, als auch, etwas pantomimisch darzustellen.

Im zweiten Schritt fragte man mich, ob ich auf einer Party grundsätzlich nur Kontakt mit wenigen oder vielen Menschen suche, ich eher spekulativ oder realistisch bin, mich eher von Emotionen oder Prinzipien leiten lasse und ob ich besser mit oder ohne Terminvorgabe arbeiten kann. Antwortmöglichkeit C), »ich will gar nicht arbeiten«, fehlte.

Ich hatte keine Lust mehr und klickte mich willkürlich durch die Antwortmöglichkeiten: A, B, B, B, A, B, A. Nach ein paar Minuten gratulierte man mir zum erfolgreichen Verlauf des Tests und präsentierte mir das Ergebnis: »Herzlichen Glückwunsch, Ihr Typ entspricht einem Lehrer.«

Als ich auf den Bildschirm starrte, wurde mir plötzlich klar: Es ist völlig egal, was man studiert. Es kommt darauf an, wo man studiert.

Eigentlich kommt es nur darauf an, dass man nicht in Kempten studiert. Kempten ist, nach eigener Aussage, die Metropole im Allgäu und als Einkaufsstadt bei Jung und Alt sehr beliebt. Es gibt dort eine Hochschule, an der die Fächer Mechatronik, Maschinenbau, Informatik und Tourismusmanagement dominieren. Gerade das Fach Tourismusmanagement erfreut sich großer Nachfrage. Denn es gibt in Kempten viele Menschen, die wegwollen. Okay, es ist ein bisschen billig, sich über eine Provinzstadt lustig zu machen, in der man studieren kann.

Viel schlimmer ist doch ein Provinzdorf, in dem man studieren kann. Zum Beispiel Eichstätt in Oberbayern. Ich habe mal einen der drei Menschen kennengelernt, die in Eichstätt studieren. Er war sehr verzweifelt. In Eichstätt leben 13 000 Menschen, und irgendwo zwischen ihnen steht eine katholische Universität. Klingt das nicht nach einem verdammt wilden Studentenleben? Obwohl das Signalwort »katholisch« nahelegt, dass hier Partys gefeiert werden, die man gar nicht für möglich gehalten hätte. Das ist in der Provinz nicht anders als in Rom.

Es ist nicht so, dass Eichstätt kulturell nichts zu bieten hat. Da gibt es zum Beispiel die Eichstätter Wanderwochen. Sie stehen unter dem Motto »Man soll gehen, wenn es am schönsten ist«.

Es gibt nur noch eine Universitätsstadt, die schlimmer ist

als Eichstätt: Berlin. Der erste Nachtteil an Berlin ist, dass es dort keine Eichstätter Wanderwochen gibt. Das bedeutet für alle, die aus Eichstätt nach Berlin ziehen, einen Verlust. Obwohl die Menschen, die von Eichstätt nach Berlin ziehen, wahrscheinlich in den meisten Fällen mit Wandern nichts mehr am Hut haben wollen. Sie wollen jetzt möglichst schnell hip werden und sich ihren Dialekt abtrainieren, das ist der zweite Nachtteil an Berlin. Gerade noch im Gebirgs- und Trachtenverein, jetzt schon Perfomancekünstler.

Doch ob sie wollen oder nicht, sie tragen Oberbayern im Herzen. Das bekommen sie nicht weg. Und das ist gar nicht schlimm. Im Gegenteil: Das ist sympathisch. Denn Deutschland ist nicht Berlin, Deutschland ist Provinz.

In Wahrheit gibt es nur einen Ort, an dem man sinnvoll studieren kann: Bielefeld. Die Universität Bielefeld lockt Studenten mit einem entscheidenden Standortvorteil: Es gibt ein Parkhaus in der Uni. Oder, besser gesagt: unter der Uni. Edmund Stoiber würde sagen: Sie steigen in den Hauptbahnhof ein und sind praktisch, ohne dass Sie einchecken müssen, im Hörsaal.

Die Universität Bielefeld wurde in den Siebzigerjahren gebaut und sieht aus wie ein Schulzentrum. Wenn man morgens mit der Straßenbahn ankommt, dann geht man mit Hunderten Kommilitonen über eine überdachte Brücke auf einen grauen Klotz zu, der verloren in Ostwestfalen steht. So beginnen große Wissenschaftlerkarrieren. Mittags isst man in einer sehr lauten Mensa Gulasch vom Plastiktablett und spricht über Niklas Luhmann, der hier gelehrt und geforscht hat. Also nicht in der Mensa, sondern in der Uni Bielefeld generell. Ich frage mich, ob Niklas Luhmann morgens mit dem Auto zur Arbeit kam. Und welches Auto er hatte. Ich tippe auf Volkswagen. Ein alter VW Passat vielleicht. Er fuhr morgens, immer zur gleichen Zeit, ins Parkhaus, grüßte den Parkwächter und stieg mit einem braunen Aktenkoffer aus Wildlederimitat aus seinem VW. Und dann steckte er sich eine Pfeife an und entdeckte, mit Blick über Ostwestfalen, Subsysteme. So stelle ich mir das vor. In Bielefeld studiert übrigens der ordentlichste Student Deutschlands. Ich bin mit ihm befreundet. Das tut nichts zur Sache, aber ich wollte es erwähnen.

Das Land Nordrhein-Westfalen hat an architektonischen Hässlichkeiten im Hochschulbereich generell viel zu bieten. Einmal besuchte ich mit einem Freund die Universität Bochum. Wir verstanden das als eine Art Sensationstourismus.

Ich frage mich, wie das damals ablief in den Siebzigern, was mit den Menschen los war. Landauf, landab wurden graue Betonwürfel in die Landschaft gesetzt, Schulen, Universitäten, Krankenhäuser, und alle fanden das okay. Ich wette, dass von hundert Menschen, die man vor die Universität Bochum stellt, kein einziger sagen wird, dass er dieses Gebäude schön findet. Außer er ist zufällig der Rektor der Universität. Oder der Architekt. Wer die Universität Bochum gesehen hat, den kann ästhetisch nichts mehr schocken. Der kann sich gelassen Einkaufszentren in Chemnitz angucken oder moderne Kirchen in Wolfsburg.

Das mussten wir sehen. Es war Jahresende, und es nieselte unentschieden vom Himmel. Der Campus war leer, und als wir ankamen, meinten wir, vor einem verlassenen Kreiskrankenhaus zu stehen. Wir machten ein paar Fotos, die beweisen sollten, dass wir tatsächlich hier gewesen waren. Wir fühlten uns wie die letzten Überlebenden eines Atomangriffs.

Wie tragisch das wäre, wenn eine Bombe alles auf der Welt zerstört hätte, außer meinem Kumpel, mir und der Universität Bochum. Als wir gehen wollten, trafen wir einen

Menschen. Wir wollten ihn fragen, wie es ist, in diesen Gebäuden zu studieren. Aber er war kein Student, sondern er wollte mit eigenen Augen sehen, ob die Universität Bochum tatsächlich so hässlich ist, wie alle sagen. Ein Sensationstourist wie wir.

Die beste Pointe ist das Motto der Universität Bochum. Es heißt: *Menschlich, weltoffen, leistungsstark*. Das ist, wie wenn McDonald's plötzlich Salat und Apfelschnitze im Angebot hat. Man versucht mit aller Macht, das Gegenteil dessen zu sein, was man in Wirklichkeit ist. *Hässlichste Universität Deutschlands* – das wäre doch ein Prädikat, mit dem man arbeiten könnte.

Vielleicht muss man generell mehr auf das Motto gucken, wenn man sich für eine Uni entscheidet. Das monumental einschüchternde Motto der Universität Freiburg zum Beispiel hätte mich stutzig machen sollen: *Die Wahrheit wird euch frei machen*. Das klingt nach Lateinlehrern, die ihren Schülern mit Holzlinealen auf den Handrücken schlagen. Gut gefällt mir das praktische Motto der Universität Heidelberg, es informiert auf Latein über die Öffnungszeiten der Hörsäle: *Semper Apertus. Immer offen*. Oder auch das Motto der Universität Leipzig. Man kann es immer zu seiner Verteidigung anbringen, wenn man mal wieder betrunken einen Tageslichtprojektor zerstört oder versehentlich ins Audimax gekotzt hat. Es lautet: *Aus Tradition Grenzen überschreiten*.

Grob steht man ja vor einer prinzipiellen Entscheidung: Stadt oder Land. Man kann sagen: Beides hat seine Nachteile. Man kann überall unglücklich werden. Wenn man sich beispielsweise für ein Studium an der Fachhochschule Nürtingen entscheidet, was eher Land als Stadt ist, dann sitzt man vielleicht im Winter in der überteuerten Einliegerwohnung eines Schwaben und friert, weil der Vermieter sich weigert, die Heizung anzumachen. Oder man sitzt plötzlich in Lüneburg und wartet auf den Zug. Oder man wacht nachts schweißgebadet in einer Marburger Wohngemeinschaft auf und realisiert, dass man in Nordhessen lebt. Und fragt sich, womit man das verdient hat.

Oder man steht auf dem international spitzenmäßigen Campus der Hochschule Witten-Herdecke und hat vergessen, wo Witten-Herdecke überhaupt liegt. Dann fühlt sich die Freiheit, von der man die ganze Schulzeit über geträumt hat, plötzlich ganz anders an.

Ich war übrigens etwas unfair Bochum gegenüber. Zum einen war ich dort noch nie länger als einen Tag. Und zum anderen hat diese Betonwelt auch einen Vorteil: Sie ist kein bisschen kitschig.

Anders verhält es sich mit Studentenstädten der mittleren Größe wie Freiburg, Tübingen oder Bamberg. Wo Studenten mit runden Germanistenbrillen und Latzhose tagelang ihre Hornhautfüße in irgendeinen Bach halten und zwanghaft genießerisch in die Sonne gucken. Und dabei essen sie ein Eis. Oder sie trinken eine Weißweinschorle. Und verstopfen mit ihren Hollandrädern die Fußgängerzone. Ich weiß nicht, warum ich jetzt in diesen Stammtischton verfalle.

Ich will mich bereits jetzt bei allen Studenten mit runden Germanistenbrillen und Hornhautfüßen entschuldigen. Niemand in diesem Land sollte aufgrund seiner Hornhaut diskriminiert werden.

Es ist nur so, dass ich sofort den Merian-Reiseführer vor mir sehe, der unter dem Stichwort »savoir vivre« drei Studenten zeigt, die ihre Fahrräder beiläufig auf das Kopfsteinpflaster gelegt haben und im Schneidersitz, mit einer Waffel Eis in der Hand, im Kreis sitzen und lachen. Hinter ihnen sieht man Fachwerkhäuser und die Eisdiele Venezia. Und in der Unterzeile steht: *Sonne satt – Tübinger Studenten genießen den Frühling*. Und wenn man genau hinschaut, dann sieht man im Hintergrund eine alte Dame mit Korb und Winterjacke, die beim Anblick der Studenten hasserfüllt ihr Gesicht verzieht. Was man ihr verzeihen muss: Sie hat noch den Krieg erlebt und versteht diese Studenten nicht. Und sie hat dieses Land aufgebaut. Okay: Sie hat auch daran mitgewirkt, dass es zerstört wurde.

Egal, das führt zu weit.

Das Zusammenleben zwischen Studenten und Normalbevölkerung ist nicht immer leicht. In Freiburg gibt es einen Platz, auf dem im Sommer jeden Abend Studenten sitzen und Bier trinken, den Augustinerplatz. Da sich irgendwann Anwohner beschwerten, installierte die Stadt eine »Säule der Toleranz«. Tagsüber leuchtet sie bunt, abends grün und nachts dunkelrot. Wenn die Säule dunkelrot leuchtet, dann müssen alle Kinder ins Bett. Ich hatte in Freiburg oft den Eindruck, dass mich Einheimische, die mir dabei zusahen, wie ich über eine rote Ampel ging, am liebsten im Nacken gepackt und zur nächsten Polizeidienststelle gezerrt hätten. Das ist der Nachteil an der Provinz: Man fühlt sich ständig beobachtet. Und man ist es auch.

Viele Studenten entwickeln ein ironisches Verhältnis zur Provinz. Sie gehen auf Weinfeste oder applaudieren der freiwilligen Feuerwehr, wenn sie in der Fußgängerzone das neue Löschfahrzeug präsentiert. Sie fühlen sich ironisch überlegen. Auch ich habe mich dieses Verhaltens schuldig gemacht.

Immer wenn wir betrunken waren, tranken wir ein letztes Bier in einer Freiburger Kneipe, die »Eschholzstüble« hieß. Die Wände waren holzvertäfelt, die Fenster verdunkelt. Wir setzten uns an die Theke und sprachen mit dem Wirt. Er hatte keine Lust, mit uns zu sprechen. Was ich gut verstehe.

Manchmal saß ein Gast an der Theke, der Poldi hieß. Sobald er sich ins Gespräch einmischen wollte, sagte der Wirt: »Halt's Maul, Poldi!«

»Ich habe auch mal studiert.«

»Halt's Maul, Poldi!«

»Ich spreche sieben Sprachen!«

»Halt's Maul, Poldi!«

»Ein Pils bitte!«

»Halt's Maul, Poldi!«

Ich weiß nicht, was der Reiz war, in diesen Kneipen rumzuhängen. Wir tranken Schnaps und ließen im Licht der blinkenden Spielautomaten unsere Köpfe hängen. Und am nächsten Morgen trotteten wir verkatert nach Hause.

Es lebe die Provinz.

SPIEL, SATZ, NIEDERLAGE

Es gab das große Finale: Ich wurde von Tag zu Tag schwächer und musste ein letztes Mal zu Frau Anger, dem Endgegner. Das vorneweg: Ich habe auch mein zweites Studium abgebrochen. Aber immerhin: Dieses Mal hatte ich schon zweieinhalb Jahre durchgehalten, ganze fünf Semester. Das heißt: fünf mal länger als beim ersten Mal.

Der Tag, an dem ich bemerkte, dass es nicht mehr weiterging, war ein Dienstag. Ein Dienstag im Niemandsland irgendeiner Jahreszeit. Ein Tag, an dem alles bleiern war. Das Wetter. Die Zeit. Das Blut in meinen Adern. Die letzten Unterschiede, die es noch gab, waren Abstufungen verschiedener Grautöne: das helle Grau des Himmels, das dunkle Grau der Straße, das Grau der Betonwände in der Bibliothek.

Ich hörte auf, mich zu bewegen. Es war, als habe man mir ein Todesgift gespritzt: Die Hände wurden weich, die Arme schlaff, die Beine stumm. Es kribbelte in meinen Füßen. Als sei dort letzte Energie gewesen, die ihren Weg an die Oberfläche suchte.

Ich war mit drei Hausarbeiten in Rückstand geraten und musste mindestens zwei davon innerhalb der nächsten zwei Wochen schaffen. Ich hatte also vierzehn Tage Zeit, meine

Exmatrikulation zu verhindern. Die erste Hausarbeit sollte vom amerikanischen Politologen Ronald Inglehart und seiner Theorie des Postmaterialismus handeln.

Ich weiß nicht, wie viele Stunden ich am Deckblatt saß, wie lange ich mich daran aufhielt, mir den Titel für eine Arbeit auszudenken, die es noch gar nicht gab. Der erste Versuch hieß »Werte im Wandel«, ich tippte die drei Wörter in großer Schrift auf das Deckblatt. Im ersten Moment gefiel mit der Titel: Werte im Wandel, die Alliteration fand ich gut. Aber je länger ich auf das Deckblatt guckte, desto mehr kam mir der Titel wie der Name eines CDU-Wahlprogramms vor. Ich versuchte es mit einer Aufzählung: »Werte, Wachstum, Wohlstand.« Aber das klang noch viel mehr nach CDU. Ich sah Helmut Kohl vor mir, wie er in einem Neunzigerjahre-Spot im gestreiften Pullunder am Wolfgangsee steht, behäbig seine Arme ausbreitet und sagt: »Werte, Wachstum, Wohlstand. Für ein starkes Deutschland.« Ich löschte den Titel wieder. Der dritte Versuch hieß »Jenseits des Geldes«. Für fünf Minuten ließ ich ihn stehen, dann sah ich einen Trailer vor mir: Sonnenuntergang, Steppe. Ein dampfender Zug. *Robert Redfort in Jenseits des Geldes. Ab 15. August im Kino.* Ging also auch nicht.

Der vierte und letzte Versuch hieß »Die Sättigung der Bedürfnisse«. Ich schüttelte den Kopf und schrieb eine Unterzeile: »Für Ihr leibliches Wohl wird gesorgt.« Es hatte alles keinen Sinn.

Ich klappte meinen Computer zu, wie ich es immer tat, wenn ich in eine Sackgasse geraten war, packte ihn in meinen Rucksack und setzte mich vor die Bibliothek. Ich hatte mir Strategien überlegt, die ich anwendete, wenn ich nicht mehr weiterkam. Sie hießen »Erst mal eine rauchen, erst mal ein Kaffee, erst mal an die frische Luft« und waren komplett nutzlos.

Es kam sehr selten vor, dass ich mich nach einer Portion Frischluft, einer Zigarette oder einem Kaffee tatsächlich vor den Computer setzte und ich plötzlich, als habe sich dadurch alles geändert, loslegen konnte. Meistens waren die Unterbrechungen nur kleine Bausteine im schwierigen Vorhaben, den Tag schneller vergehen zu lassen. Ich entwickelte ein ambivalentes Verhältnis zur Zeit: Zum einen wollte ich, dass sie vorübergeht. Denn je schneller sich die Uhr drehte, desto früher war der Tag vorbei, und ich konnte mich schlafen legen. Zum anderen wollte ich, dass sie nicht vorübergeht. Denn jede Minute, die verstrich, brachte mich näher zur Deadline, die vor mir lag. Die Zeit verging.

Als es noch dreizehn Tage waren, suchte ich noch immer nach einem Titel. Oder vielmehr: Ich starrte auf das Deckblatt, ohne zu schreiben. Ich versuchte zu lesen, aber über drei Absätze kam ich nicht hinaus. Als es noch zwölf Tage waren, saß ich morgens um halb sieben vor einem Stapel Bücher und sah, wie draußen die Sonne aufging. Ich schrieb einen Absatz und löschte ihn wieder. Als es noch sieben Tage waren, begann ich zu träumen, mit offenen Augen. In meinem Traum versammelten sich alle Menschen, die mir an der Uni begegnet waren, in der Bibliothek – Frau Anger, der Wühler, Mats, Bernd, Lars – und tanzten, bis Frau Anger betrunken von einem Stuhl fiel und Bernd seinem Chef die Kündigung auf die Mailbox sang. In meinem Traum hallte laute Musik durch die Bibliothek. Man zog sich die Ohropax aus den Ohren und stieß mit kalten Getränken an. Meine Professoren kamen und sagten alle Seminare und Vorlesungen für die nächsten dreiundzwanzig Wochen ab. Konfetti regnete über die Bücher.

Als es noch fünf Tage waren, wiederholte ich immer wieder einen Satz: Es gibt Schlimmeres, als ein Studium abzubrechen.

Es gibt Schlimmeres, als ein Studium abzubrechen.

Es gibt Schlimmeres, als ein Studium abzubrechen.

Als es noch vier Tage waren, hatte ich eine Seite geschrieben. Ich hatte ein Buch gefunden, das mein Thema behandelte, und hatte die Einleitung paraphrasiert und übernommen: Ich änderte die Formulierungen ab und strich Sätze. Abends bekam ich ein schlechtes Gewissen und löschte die Seite wieder. Jetzt war ich wieder bei null.

Als es noch drei Tage waren, betrank ich mich mit Mats, und wir gaben bei einem späten Besuch bei der Burschenschaft Teutonia vor, die Nachfahren Hindenburgs zu sein.

Als es noch zwei Tage waren, fuhr ich mit Mats über die Grenze nach Frankreich, und wir betranken uns mit Rotwein.

Als es noch ein Tag war, sah ich ein, dass es keinen Weg mehr gab, der an Frau Anger vorbeiführte. Das war ein Dienstag.

Ich musste zum Endgegner, meine Energiereserven waren aufgebraucht, und ich hatte nur noch ein Leben. Ich bat telefonisch um einen Termin und bekam ihn am nächsten Morgen, um halb sieben.

Als ich auf dem Gang wartete, hörte ich, dass Frau Anger pfiff. Nach einer Weile erkannte ich die Melodie. Es war »The Final Countdown«. Ich glaube, das war ihr persönlicher Abschiedsgruß für alle Studenten, die kurz vor der Exmatrikulation standen.

Frau Anger bat mich, Platz zu nehmen, und musterte mich über ihre Brille hinweg. Wir hatten in den letzten Monaten regelmäßig telefoniert. Sie gehörte fast zu meinem Freundeskreis. Obwohl sie sicherlich die einzige Freundin war, die mich andauernd anschrie.

»Herr Dachsel«, sagte sie. »Was wollen Sie heute schon wieder?«

Ich sah sie an und wusste nicht, was ich sagen sollte. Also schwieg ich, bis sie mit den Fingern schnipste.

»Bitte wären Sie so freundlich, nicht vor meinem Schreibtisch einzuschlafen!«

Ich nickte und verließ ihr Büro.

»Machen Sie es gut, Frau Anger!«

Ich stand vor der Uni. Ich sah Studenten im Gras liegen und Kaffee trinken. Zwei Tage später war ich exmatrikuliert.

Ich habe dann noch ein drittes Mal studiert. Ich könnte davon erzählen.

Aber das ist mir zu anstrengend.

MACH DEN TEST!

Viele Deutsche fragen sich, ob sie noch faul sind oder ob sie schon zu den echten Leistungsverweigerern gehören. Auch ich war mir viele Jahre lang unsicher. Und ich weiß, wie sich das anfühlt. Deshalb habe ich in Zusammenarbeit mit fünfzehn Menschenaffen und dem Magazin »Focus« diesen Test entwickelt. Er soll helfen, die eigenen Schwächen einzuschätzen und sie nicht zu optimieren.

1. Du bist auf dem Weg zu einem Vorstellungsgespräch, und die Zeit drängt. Beim Aussteigen aus dem Bus trittst du mit beiden Beinen in eine riesige Pfütze. Deine Hosenbeine sind nass, deine Schuhe schlammig. Bis zu deinem Termin bleiben noch fünfzehn Minuten. Was machst du?
   a) Auf meinem Smartphone suche ich den nächsten Herrenausstatter und renne los. Auf dem Weg teile ich den Verkäufern per Telefon meine Schuh- und Hosengröße mit. Ich komme pünktlich.
   b) Ich rufe meinen künftigen Arbeitgeber an und bitte um eine halbe Stunde Aufschub.
   c) Ich sage das Gespräch ab, drehe um und gehe wieder nach Hause.
   d) Ich bin nicht auf dem Weg zu einem Vorstellungsgespräch.

2. In deiner Wohnung ist eine Fruchtfliegenplage ausgebrochen. Die Tiere kreisen über dem Altglas und den Pfandflaschen. Was unternimmst du, um die Plage einzudämmen?
   a) Ich bringe das Altglas und die Pfandflaschen weg und kaufe mir auf dem Rückweg eine Fruchtfliegenfalle.
   b) Ich bringe die Pfandflaschen weg und locke die Fliegen mit Honig.
   c) Nichts.
   d) Ich lege mich neben die Pfandflaschen aufs Parkett.

3. Deutschland befindet sich in einer wirtschaftlichen Krise, und du wirst ausgerechnet jetzt mit deinem Studium fertig. Trotz Bemühungen findest du keinen Job. Was machst du?

   a) Bei einem Familienfest spreche ich einen entfernten Verwandten an, der mir ein Praktikum in Südkorea vermittelt.
   b) Bei einem Familienfest spreche ich einen entfernten Verwandten an, der mir ein Praktikum in Stuttgart vermittelt.
   c) Bei einem Familienfest spreche ich einen entfernten Verwandten an und frage ihn nach einer Zigarette.
   d) Ich werde nicht mit dem Studium fertig.

4. Beim Spiel Monopoly stehst du vor einer schwierigen Entscheidung: Entweder kaufst du alle Bahnhöfe oder die zwei teuersten Straßen. Du merkst, dass dein Sieg von dieser Entscheidung abhängen könnte. Wie entscheidest du dich?

   a) Das Glück ist mit den Tüchtigen. Ich kaufe erst die Bahnhöfe und von den Gewinnen, die zu erwarten sind, die Schlossstraße.
   b) Ich kaufe nur die Bahnhöfe, um meine Gegenspieler in Sicherheit zu wiegen.
   c) Ich warte ab.
   d) Ich gebe auf und lege mich unter den Tisch.

5. Bei einer längeren Überlandfahrt fällt dir auf, dass der Motor deines Autos anders klingt als gewohnt. Wenige Minuten später steigt Rauch aus der Motorhaube auf. Wie reagierst du?
   a) Ich fahre rechts ran, stelle ein Warndreieck auf und kontaktiere den ADAC.
   b) Ich fahre rechts ran, öffne die Motorhaube und suche den Fehler.
   c) Ich fahre weiter und ignoriere den Rauch.
   d) Ich steuere das Auto in ein Weizenfeld und renne weg.

6. Was wolltest du als Kind werden?
   a) Kernphysiker.
   b) Bäcker.
   c) Lehrer.
   d) Proband im Schlaflabor.

7. Bei einem abendlichen Stehempfang in Gütersloh beobachtest du die Gastgeberin, eine ältere Dame mit Föhnfrisur, wie sie abseits des Festes alkoholisiert im Gemüsebeet liegt und mit den Armen rudert. Wie meisterst du die Situation?
   a) Ich nähere mich unauffällig dem Gemüsebeet, helfe der Gastgeberin auf die Beine und geleite sie, ohne großes Aufsehen zu erregen, ins Badezimmer.
   b) Ich informiere ihren unehelichen Sohn.
   c) Ich lege mich dazu.
   d) Was?

8. Du willst einen Vortrag über Chlorhühner besuchen. Leider ist der Referent kurzfristig erkrankt. Das Publikum reagiert sehr enttäuscht. Was tust du, um die Situation zu retten?
   a) Ich halte einen spontanen Vortrag über Kernphysik.
   b) Ich initiiere eine Partie Bibelfußball.
   c) Ich werfe einen Stuhl auf den Veranstalter.
   d) Ich lege mich auf die Bühne und strecke Beine und Arme von mir.

9. Nordkorea kündigt einen Atomschlag gegen Europa an. Und du?
   a) Ich organisiere in der Nachbarschaft einen atomaren Gegenschlag.
   b) Ich verurteile das scharf.
   c) Ich verurteile das mittelscharf.
   d) Ich buddle ein kleines Loch und lege mich hinein.

10. Warum das Ganze?
    a) Erst mal bedanke ich mich für diese ausgezeichnete Frage und will Sie alle recht herzlich begrüßen und ausdrücklich zu einer engagierten und lebendigen Debatte einladen.
    b) Warum nicht?
    c) Weil es muss.
    d) Ich habe die Frage nicht verstanden.

Auswertung: Antwortmöglichkeiten A), B) und C) geben je 0 Punkte. Antwortmöglichkeit D) gibt 20 Punkte. Je mehr Punkte du hast, desto fauler bist du. Du hast keine Lust, deine Punkte zusammenzurechnen?

Gratulation: Du bist ein Leistungsverweigerer.

ICH DANKE

Annabelle Seubert für alles und den Apfelbaum.
Martin Reichert und Barbara Wenner für ihre Geduld und Akribie.
Angela Gsell für die gute Betreuung.
Oliver Trenkamp für den Spaß, den wir hatten.
Morten Freidel für sein Gespür.
Nico Semsrott fürs gemeinsame Untergraben der Schweiz.
Meinen Eltern für ihre Coolness.

Mein Leben unter dem Rotstift

Bastian Bielendorfer
Lehrerkind
Lebenslänglich Pausenhof

Piper Taschenbuch, 304 Seiten
€ 9,99 [D], € 10,30 [A], sFr 14,90*
ISBN 978-3-492-27296-4

Was wird aus einem Menschen, wenn Mama und Papa Lehrer an der eigenen Schule sind – und somit an jedem Tag im Jahr Elternsprechtag ist, die Mitschüler einen zum Daueropfer ernennen und es bei den Bundesjugendspielen nicht einmal für eine Teilnehmerurkunde reicht? Genau: Er wird selbst Lehrer! Mit gnadenloser Selbstironie schildert Bastian Bielendorfer, wie er der pädagogischen Sippenhaft zu entrinnen versucht, und verrät dabei, welch zarte Seele sich unter so manchem grob gehäkelten Mathelehrerpullunder verbirgt.

Leseproben, E-Books und mehr unter www.piper.de

»Erfrischend!«

Myself

Rebecca Niazi-Shahabi

**Ich bleib
so scheiße,
wie ich bin**

Lockerlassen und
mehr vom Leben haben

Piper Taschenbuch, 272 Seiten
€ 9,99 [D], € 10,30 [A], sFr 14,90*
ISBN 978-3-492-30056-8

Beim Versuch, schlanker, schlauer und schöner zu werden, mal wieder gescheitert? Den Traumjob knapp verpasst? Egal, denn wer hat eigentlich behauptet, dass Erfolgreichsein der Normalzustand ist? »Ich bleib so scheiße, wie ich bin« macht Schluss mit der Selbstoptimierung. Schluss mit der Wahnsinnsidee, dass man das Leben besonders effektiv zu nutzen habe. Besser werden heißt wahnsinnig werden, also: Bleiben Sie dick, faul, jähzornig – und glaubwürdig.

PIPER

Leseproben, E-Books und mehr unter **www.piper.de**